悬壶丹医

葛洪

刘宏 编写

吉林出版集团股份有限公司
全国百佳图书出版单位

图书在版编目（CIP）数据

悬壶丹医　葛洪 / 刘宏编. —— 长春：吉林出版集团股份有限公司，2020.2（2023.5重印）

ISBN 978-7-5581-7920-4

Ⅰ. ①悬… Ⅱ. ①刘… Ⅲ. ①葛洪（284-386）-传记 Ⅳ. ①B235.7

中国版本图书馆CIP数据核字(2019)第260574号

悬壶丹医　葛洪	编　写	刘宏	责任编辑	黄　群
XUANHU DANYI　GE HONG	策　划	曹恒		林　琳
			封面设计	MM末末美书

开　本	710mm×1000mm　1/16	出版/发行	吉林出版集团股份有限公司
字　数	75千	地　址	吉林省长春市福祉大路5788号
印　张	8	邮　编	130000
版　次	2020年2月第1版	电　话	0431-81629968
印　次	2023年5月第2次印刷	邮　箱	11915286@qq.com

印　刷 三河市金兆印刷装订有限公司　ISBN 978-7-5581-7920-4　定　价 39.80元

前
言

　　中医文化是中国优秀传统文化的重要组成部分，具有创新文化的潜质。中医学是中国传统科学中沿用至今的富有中国文化特色的医学，它具有完备的理论体系，独特的诊疗方法和显著的临床疗效等特征。在中华民族五千年的历史长河中，中医学始终担负着促进人身健康的重要角色，是中华民族长期同疾病作斗争的智慧结晶，它为中华民族的繁衍昌盛提供了重要保障。

　　《悬壶丹医　葛洪》这本书主要收录了葛洪的成长经历和奇闻逸事等。读者通过这些故事，可以了解中医名家救死扶伤、拯救天下苍生的医德精神和中医文化的博大精深。

本书内容通俗生动，易于读者阅读。书中配以与中医文化知识相关的图片，并选取了具有代表性的葛洪博物馆作为跨页大图，使本书的内容更加生动传神，更具亲和力和吸引力。本书不仅是为了让读者了解中医文化，更是为了讲好"中国故事""中医故事"。

　　希望通过本书，读者对优秀中医文化会有更加深刻的了解和认识，能够更加热爱中医文化。通过我们对医学名家的传颂，优秀的中医文化必将再放异彩。

目录
MU

LU

第一章

少年拾柴　自筹笔墨 —————— 1

第二章

求学拜师　茅山寻砂 —————— 19

第三章

潜心炼丹　无奈参军 —————— 39

第四章

游遍五湖　广诊急症 —————— 57

第五章

贤妻助医　神仙眷侣 —————— 77

第六章

修身养性　罗浮隐居 —————— 97

　　葛洪（约281—341年），东晋道教理论家、医学家。擅炼丹术。字稚川，号抱朴子，丹阳句容（今属江苏）人。著有《肘后备急方》《抱朴子内篇》《抱朴子外篇》《神仙传》等。

第一章

少年拾柴 自筹笔墨

葛洪的幼年时代比较幸福，但时间却很短暂。他十三岁时，父亲去世，开始感受饥寒交迫之苦。他和其他贫苦人家的孩子一样，披星戴月地干农活，但葛洪还是想入仕途。于是他在闲暇之余就抓紧时间读书……

"饥寒困瘁，躬执耕穑，承星履草，密勿畴袭"，这是葛洪少时的处境。

太康二年（281年）的一个夏天，丹阳郡句容下了一场倾盆大雨，葛悌家正在迎接一个新的生命。由于接连降雨，葛悌家门前的小河涨得满满的，葛悌望着湍急的水流说："这孩子就像是洪水冲来的呀！"就这样，他给才出生的儿子取名洪，意思是洪水，字稚川，意思是小河。

葛洪小时候过着无忧无虑的生活，终日随着父亲骑马射箭，习武玩耍。最令他高兴的事情是每天晚饭过后，父亲便教他读书写字，给他讲有趣的故事。那是葛洪最开心的一段日子。可是，葛洪的父亲葛

笔墨纸砚

悌由于受晋朝南迁势力的排挤，始终不得志，郁郁寡欢。在葛洪十三岁的时候，葛悌不幸病逝。葛悌是一位非常清廉的好官，从来不收受贿赂，去世时家中毫无积蓄。父亲的去世，使得本来不富裕的家境变得更加困难了。

都说"穷人的孩子早当家"，葛洪是一个非常懂事又孝顺的孩子，经常帮母亲分担家务。家里没有钱给他买纸笔，他就节约父亲生前留下来的每一张纸、每一支笔。他尽量把字写得密密小小的，甚至只有自己能认得，一张纸正面写满了，反过来再写，笔磨秃了，就修剪修剪再写。即使这样笔墨也总有用完的一天，葛洪心里非常着急。

一天，葛洪偶然出门时，看见邻居的小伙伴们上街卖柴。他想，自己已经长大，也一样可以上山砍柴拿来卖，卖柴换的钱既可以买纸笔，

葛洪少时苦读场景

又可以补贴家用，帮助母亲减轻家里的负担，多好呀！葛洪把自己的想法告诉了母亲，可母亲觉得他从小体弱多病，不忍心让他去。他再三劝说，母亲才勉强允许。从此以后，葛洪常常上山砍柴。每次葛洪将柴火整齐捆好之后，还要在山上休息一会儿。他喜欢待在幽静的山野里，享受山风的爱抚，常常陶醉其中不能自拔，感到身心无比愉悦。

一天，葛洪和小伙伴们上山砍柴，刚到半山腰，就刮起了大风，乌云像骏马一样从天边奔驰而来，天色瞬间暗了下来。一个惊雷响过，漫天的大雨倾盆而降。大家知道，这样的雷雨往往持续的时间很短，就躲进了岩洞里。他们有的掏出之前摘的野果津津有味地吃着，有的找来小石子下棋玩儿。只有葛洪没有玩耍，他看着哗啦啦的大雨出神，心思也飘向远处……正当他想得认真时，风雨停了，太阳渐渐露出笑脸，天空中骤然出现一道七色的彩虹。彩虹美丽极了，青草上的雨滴反射出五彩缤纷的光芒。小伙伴们下山看到这绚丽的景色叽叽喳喳地议论开了，有的说是神仙搭的桥，有的说是蛟龙吐的气，有的说是织女织的锦……葛洪也在想，这彩虹到底是怎么来的呢？要是能靠近去看一看、摸一摸就好了。他想着想着，感觉自己的身体似乎轻了，然后踩着一朵云彩慢慢

上升到天空，刚要触碰到绚丽的彩虹时，脚下绊了一下，差点摔倒，这才从幻想里醒过来，匆忙下山去了。

葛洪个子小，身体又单薄，担的柴少，卖不了几个钱，并不够他换纸笔的，这可怎么办好呢？

有一天，葛洪在厨房里高兴地大叫："母亲，母亲，我有用不完的笔墨纸了！"正在切菜的母亲吃惊地望过去，只见他手里举着木炭块，兴奋地说："母亲您看，这是我的笔和墨。"又指着墙和地说："这些都是我的纸！"他又在墙上和地上写了字给母亲看："还有各种石板、木板、墙壁、岩壁都是我的纸呢。以后我就有用不完的笔墨纸啦，真是太好了！"

原来葛洪帮母亲生火做饭的时候，他看见灶膛里有的木块慢慢变

成火红的木炭，最后化成一堆灰烬，可有的木块却没有完全燃尽，慢慢变成了焦黑的炭块。葛洪灵机一动，急忙用木棍拨出一块木炭，还没等木炭完全冷却就赶紧抓起来在墙上写了几个字，字写得又清楚又美观。他知道自己找到了宝贝，这才忍不住大叫起来。于是，葛洪当即挑选了条形的木炭，用纸包好装进口袋里，想着随时都能拿出来写字。

第二天，葛洪出门遇上了大雨，衣服全都淋湿了，他急忙查看口袋里用纸包好的炭条。炭条吸了水，没办法再用了，这让他很沮丧。回到家，葛洪拿出父亲生前手抄的乐府诗，专心研读起来："江南可采莲，莲叶何田田。鱼戏莲叶间。鱼戏莲叶东，鱼戏莲叶西，鱼戏莲叶南，鱼戏莲叶北。"诗中反复出现的莲叶让他想道：莲叶宽大光滑，又不会被水浸透，能够防雨、防汗，用它来包裹炭条，不是就能防止炭条

荷叶

再被雨水打湿了吗？他兴奋得直拍大腿，当即放下书，踏着月光，在荷塘里采了几片宽大的莲叶。采好以后，他就用莲叶精心地将炭条包好，放在口袋里。就这样，无论是什么时候，他都有干爽的炭条可以用了。他砍柴时，在岩壁上练字；卖柴时，在市井的街道上练字；生火做饭时，又在家里的墙壁上写写画画。他还在田边找了一块又大又光滑的巨石，在农耕休息时，就用炭条在巨石上练习父亲以前教他的诗句，写满了就用水擦去，待水干了又可以重新写，从此以后他就有了这用不完的"笔墨纸"。

葛洪白天耕田砍柴，休息时练字，晚上才有时间好好看书。葛洪的祖父、父亲都是饱学名士，家里本有很多藏书，因家族逐渐没落，到了葛洪这一代，留下的书籍并不多，但他都一遍又一遍地反复研读，甚至能倒背如流。葛洪并不满足于这些知识，为了能读到更多的书、学到更丰富的知识，他经常到邻居、朋友家四处借书来读，不怕千里之远，只为得到一本好书。那些有书的人家知道葛洪忠厚老实、勤奋好学，都愿意把书借给他。但也有不愿意借书之人，非但不借书给他，还讽刺他穷酸买不起书。每每遇到这种情况，葛洪总是不以为意，整理下情绪，再到别家去借。

葛洪从母亲那儿得知邻县的亲戚家有很多

青蛙

藏书，便决定立刻动身去借书。

　　从句容到邻县本就路途遥远，再加上正值盛夏，江南暑气盛起，葛洪匆匆赶路，大汗淋漓，可即便这样，他也一刻不停，一心盼望能早早得到好书。到了地方，借到了自己心仪的书，他也只停留了一晚，第二天就匆忙踏上了回家的路。路上即便是歇脚的工夫，他也要看一会儿书。回到句容，已经是月上树梢了，这时候一个纨绔子弟恰巧路过。葛洪认识这个人，但是不愿意理他，转身就要走。谁知这个纨绔子弟却拉住他，大声奚落他："葛洪老弟，何必东奔西走到处借书这么辛苦，像我一样骑马玩乐多好哇！"走了一天又饿又累的葛洪听了他的话，压住满腔的愤怒，指着旁边一口枯井说："这枯井里的青蛙，又怎么能知道天空的广阔！"他抬起头望向天空的明月，又说："这草丛里的萤火虫，也不会看见月亮的光辉。"纨绔子弟没有想到，平时软弱、人见人欺的葛洪，今天竟然能说出这样伤人的话，

书籍

冷冷地哼了一声，便气呼呼地走了。

葛洪回到家，吃了饭便如饥似渴地读起书来。母亲见他白天赶了那么多路，晚上还不知休息，挑灯夜读，很是心疼，就劝说他早点睡。他却说："父亲对我说过，'跛驴追不上月亮，苍蝇飞不到云霄'，没有学问的人做不成大事。我的学问差很多，得抓紧时间读书啊！"他笑着送母亲去休息后，自己又扎进了书堆里……

葛洪就这样"日耕夜读"，渐渐地成长为一个翩翩少年。他废寝忘食地读书也引得乡亲们议论纷纷。很多人说他是个有"怪脾气"的人。为什么说他"怪"呢？

一是说葛洪穿得奇怪。当时有一种讲究穿着打扮的风气，许多富贵人家的公子都想办法穿得华丽。那时衣服样式经常变化，时而流行宽大，时而流行束腰；时而流行长衫，时而又流行短衣。不管流行什么，人们都以穿着时髦为荣。但是葛洪总是一身素衣，从不在意流行什么款式的服饰，人们都在背后说他只知道死读书，不会享受。

二是说葛洪对自己的要求奇怪。葛洪年满二十岁那天，三五好友到他家拜访，闲聊了一会儿之后，好友恳求葛洪把自己写的文章拿出来，让他们拜阅一番。葛洪推托不过，只好把之前写的文章拿出来。好友们看了都大加赞赏，说他写的文章有大家风范。好友们走后，葛洪细细品读自己的文章，越读越觉得之前的文笔太过幼稚，思想肤浅，简直不忍再看。于是他一气之下把这些文章全烧了！一个好友转回来取东西，看到他在烧稿子，觉得非常可惜，葛洪却不以为然地说："这些文章看起来肤浅可笑，没办法拿于人前，还不如烧了痛快。"从此以后，葛洪对自己的要求更加严格了，写文章都要反复修改，字斟句酌。他烧书稿的事情传开以后，人们越发觉得他这个人古怪。

三是说葛洪的行为奇怪。别人都知道玩乐，只有他从不参与其中。就连最简单的扔石子、掷瓦片，他都不玩，更不要说下棋、打牌这些成人游戏了。一天，葛洪在街上遇见一伙人正在玩斗鸡的游戏，里面有两个邻居家的小青年，就被他们拉去一起看斗鸡。只见场上两只雄鸡凶猛扑杀，弄得满场尘土飞扬，好不热闹。观看的人们个个都瞪大了眼睛，注视着两只缠斗的公鸡，为自己下注的公鸡欢呼叫好，专注极了。两个小青年看得入了迷，可葛洪早已悄悄离去。两天后，葛洪又遇见了那两个小青年，他们追问葛洪为什么独自走了，葛洪无奈地说道："自古王侯将相因迷恋玩乐，搞得国破家亡的教训有很多很多。打牌、斗鸡这种游戏会扰乱人们的心智，使人们沉迷其中不能自拔。有的人为了输赢还会大打出手，伤人伤己，实在是太不值得了！"

《道德经》

　　大家认为的葛洪的奇怪之处，从中能看出他为人处世的性格。就如老子在《道德经》中提出的"见素抱朴，少私寡欲，绝学无忧"，"素"是没有染色的生丝，"朴"是没有加工过的原木。葛洪以"抱朴子"作为自己的号，表明了他遵从自己的本心、不受外界他人影响的风格。有些人称呼葛洪为"抱朴之士"是出于其为人过于老实、固执、无趣，有些人这样称呼他则是赞赏他衣着的朴素、性格以及言语的朴实。

　　葛洪是一个非常善于观察、乐于思考的人。他非常喜欢仰望天空，幻想着能在广阔的天空中翱翔。有一个传说，说周穆王曾驾着一辆"黄金碧玉车"，穿云驾雾日行万里，到昆仑山西王母处品尝了千年一见的蟠桃，而西王母又乘着"紫云车"，飘飘然从天而降，回访周穆王。这样的传说让葛洪很是着迷，他最喜欢的就是飞车的传说故事。他在古书上读到，春秋战国时期，墨子带领三百学生，花了三年时间，造出一只会飞的"木鸢"，而张衡除了造成浑天仪、地动仪之外，还制

夕
阳

成了一只内附机关、能飞数里的"木雕"，便十分向往。于是他翻遍所有关于飞车、木鸟的记载，苦心钻研。一天，他在山中砍柴，一只雄鹰从对面的山顶"呼"的一声飞起，在天空中盘旋起来。雄鹰展开翅膀自由翱翔，葛洪目不转睛地看着，终于从中受到了启发，制定了制造"飞车"的方案。虽然由于当时的条件所限，葛洪没能成功制成"飞车"，但是他执着的钻研精神是值得后人学习的。

知识加油站

葛洪自号"抱朴子"，是怎么得来的呢？

老子的《道德经》中指出，"见素抱朴，少私寡欲，绝学无忧"，"素"是没有染色的生丝，"朴"是没有加工过的原木。葛洪以"抱朴子"作为自己的号，表明了他遵从自己的本心、不受外界他人影响的风格。

雄鹰

第二章

求学拜师 茅山寻砂

青年时期的葛洪曾遇到一场瘟疫，自此知道了人身体强壮、健康长寿的重要性，于是决定走上叔祖的路，拜郑隐为师学习炼丹修道。学艺后，为了更好地炼制丹药，葛洪便上茅山寻找丹砂……

"救人危，使免祸，护人疾病，令不枉死！"这是葛洪青年时期行医救人的决心。

句容县山水秀丽，山中有一条小溪蜿蜒而下，逐渐形成小小的瀑布，而岸边有一棵高耸挺拔的松树，直插云霄，仙鹤时常在树的上空盘旋，景色美极了！葛洪上山砍柴路过此地，听见松下一小童问白胡子老人："爷爷，爷爷，您看那松柏多高大呀，不知道它有多大年纪呢？"这个老人身材挺拔，步履矫健，只听他笑哈哈地回答："那棵松树已经有一千多年了，像爷爷这样的人，十个加起来都没有它年纪大呢！那棵树上的白鹤都比我们活得长

劲
松

仙鹤

呢！"葛洪听了祖孙二人的对话，心中一动，他想：青松是树木，鹤是飞禽，它们都可以健康长寿，为什么人不能活得那么长久呢？从此，葛洪就决心去探索长命百岁的奥秘。回家后，葛洪四处寻找这方面的书籍，寻访长寿老人，请教延年益寿的方法。经过多方研究，他对"导引术""吐纳术"以及神医华佗的"五禽戏"产生了浓厚的兴趣。他搜集了许多相关资料，发现"五禽戏"可以将动作和呼吸协调一致，是强身健体的好方法。他决定亲自体验，于是每天坚持练习，日复一日，身体果真比之前更加健康。

一次，句容县举行比武大赛，葛洪很感兴趣，也挤在人群中观看。他看见一个射箭的青年，年纪不大，但沉着冷静，箭箭都能直中靶心，令人钦佩不已。还有一个老者也引起了葛洪的注意。老者满面红光，手持七尺木棒，耍得让人眼花缭乱。葛洪内心无比激动，惊叹武人的高超武艺，羡慕他们强健的体魄。于是回家之后，他在坚持习练"五禽戏"的同时，还学习了箭术和棒术。由于勤奋刻苦、头脑灵活，他很快便掌握了这两门武艺。

不久后，句容一带流行瘟疫，死了很多人。葛洪邻居中有一个身强体壮、素善习武的年轻人也得病死了。看着这么多健健康康的人因为一场瘟疫一个个离世，葛洪就想，光有健康的身体还远远不够，遇上疾病还是束手无策，必须还要有医有药，才能够预防疾病的发生。想到这些，葛洪猛地抓过笔，愤然写下"救人危，使免祸，护人疾病，令不枉死"的豪言壮语。当时村里的人们都信奉神灵，觉得人生病了就应该供佛拜神，疾病才能痊愈。但葛洪不这样想，他信奉医学，觉得只有好的医药才能救人性命。从此，葛洪就开始真正接触医学，他废寝忘食地钻研《素问》《内经》《难经》《本草经》《伤寒论》等医书，学习古代名医扁鹊、华佗、仓公、张仲景等人的医术思想，决心试验

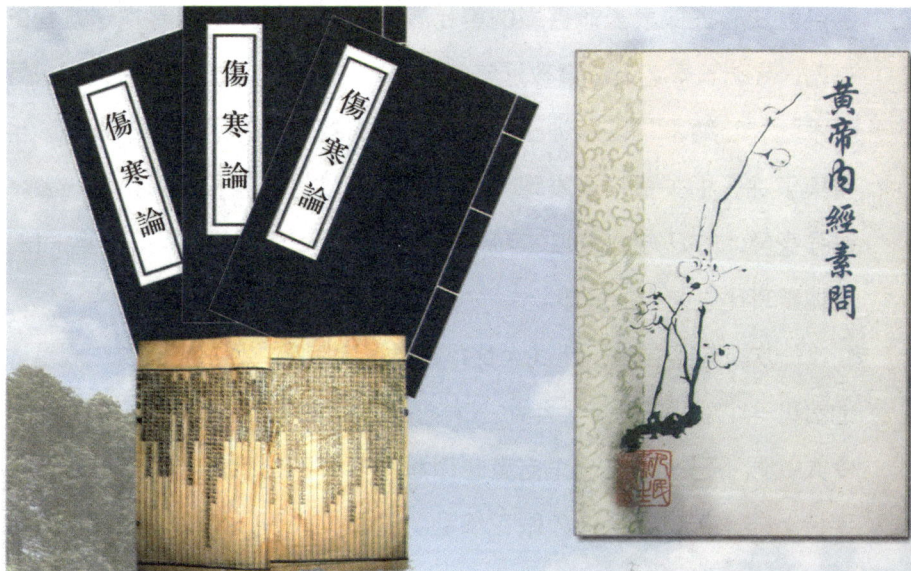

新的处方，寻找新的良药，让世人免得疾病，健康长寿。

　　葛洪听说自己的叔祖父有个徒弟叫郑隐，得到了叔祖父的真传，善于炼丹制药。葛洪的叔祖父葛玄一生博览群书，但不愿做官，而是把毕生的精力都用在修道炼丹（炼丹是古人为追求"长生"而炼制丹药的方术）之上。葛玄曾到天台山、赤城山、罗浮山等处炼过丹，而且颇有名气。人们传说，他并不是死了，而是吃了自己炼的丹药"飞升成仙"，因此他被人们称为"葛仙翁"。而葛玄最得意的徒弟，便是郑隐。据说郑隐深谙修炼之道，八十多岁时仍身轻体健，一头乌发，一次饮两斗酒而不醉，辟谷多天也不会觉得饥饿。但是现在郑隐已经隐世多年，不知身在何处。葛洪得知此人此事内心非常兴奋，决心去寻找郑隐，希望能继承叔祖父炼丹制药的事业。他经过多方打听，终于得知郑隐在葛玄死后心灰意冷，隐居到一个偏僻的小山村里了。隐居之后也有许多人想要拜他为师学习炼丹，但是炼丹书籍本就枯燥乏味，再加上隐居山林

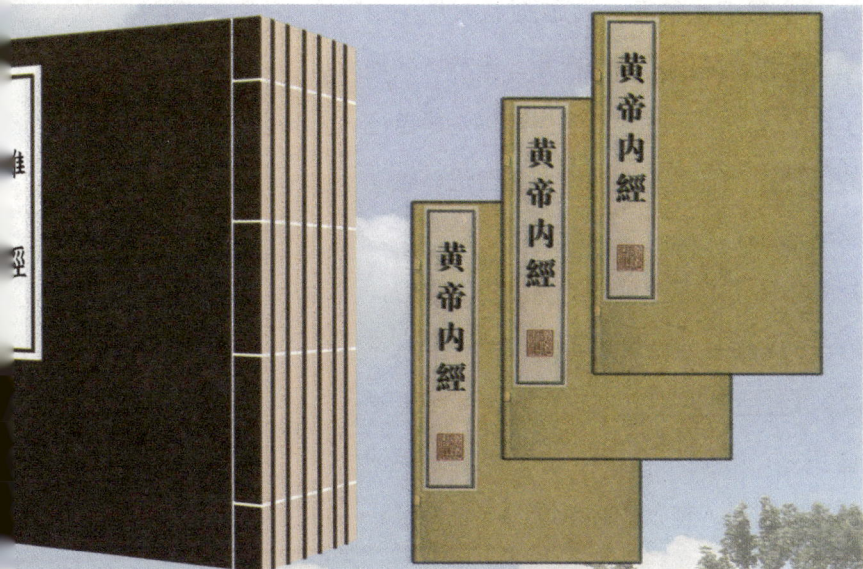

《素问》《内经》《难经》《本草经》《伤寒论》

与世隔绝，一个个吃不了苦，都找借口离开了。最后，郑隐只留下一个姓鲁的弟子和一个看门的童子。

葛洪打听到郑隐的情况后，立刻动身前去拜访。第一次去时，找到郑隐的住处一问，不巧郑隐和鲁生走亲戚去了。第二次去，郑隐又会旧友去了，但葛洪并不灰心，几天后又去找郑隐，到了门口发现柴门紧闭，空无一人，连看门的童子也不知去向了。第三次登门求师无望，葛洪忍不住叹起气来。正在这时，屋后的小山上传来了吟诗声，吟诗者声音苍老、深沉，葛洪一听就猜到是郑隐老人。从诗中葛洪听出，老人虽然隐居在这里，但仍向往与知音好友相见，于是葛洪也吟诗回应郑隐，赞扬他不求高位、不慕富贵的品德。不一会儿，一个童子和一个青年人扶着一位跛脚老人从小山上慢慢走下来。葛洪忙上前行礼，毕恭毕敬地说出了自己来访的目的。郑隐得知葛洪是自己师父的侄孙，又三番两次地来拜访自己，既高兴又感动。

郑隐将葛洪留下小住，给葛洪讲解书籍，传授自己的思想。他给葛洪看的《金丹经》《三皇内文》《五岳真形图》等秘文，连他的徒弟都未曾见过。郑隐将自己毕生所学毫无保留地传授给了葛洪。葛洪刚开始学习《金丹经》

时，郑隐便对葛洪进行了善意的劝诫，他的一番点拨坚定了葛洪对修炼金丹的信念，并以此作为人生目标。葛洪与郑隐一见如故，竟在郑隐处一连住了数月。临行前，郑隐和葛洪一直聊到深夜，他对葛洪说："炼丹是个苦差事！你叔祖父炼了一辈子丹，也只炼出了外用的疮药。不过你头脑灵活，又肯吃苦，相信你一定能超过我们。"他又告诉葛洪，炼丹最需要的原料就是丹砂。当初葛玄就想上茅山寻找丹砂，但当时他没有名气，茅山的道士们不让他进山。后来葛洪在外炼丹出了名，道士们想请他，他又不愿去了。茅山是炼丹的好地方，虽然发现的丹砂已被采光了，但是如果细心去找，还是可以找到的。葛洪得到郑隐的点拨，就打算开始做实地考察。

茅山风景区

　　葛洪从郑隐处学习归来，就对句容县周边的水质进行了考察，不论是传说中葛玄、李真人，还是角里先生，他们炼丹时曾用过的井水，他都一一去考察过、品尝过。但是他并没有在句容县见过丹砂，于是按照郑隐的指引，准备上茅山去寻找丹砂。

　　相传早在汉代，有茅氏三兄弟，长兄茅盈，二弟茅固，三弟茅衷，看破红尘，寻山修道。他们披星戴月，风餐露宿，昼夜兼程，行至黄海之滨，见一座高山，林木参天，香茅遍地，便在山中隐居，修炼道法，采药炼丹，最终修成正果，名列仙班。后人因此建三茅道观，称他们为三茅真人，称此山为三茅山，简称茅山。

　　葛洪独自一人来到大茅山，准备从这里开始寻找丹砂，考察山泉水。

泉
水

他跨过一块块巨石，进入一个洞内，洞中怪石嶙峋，景色十分美妙，再往深处走，便听见如琴似瑟的流水声。可是洞的深处伸手不见五指，葛洪没带照明的东西，不敢贸然往里走，就在身边的石缝中抠下一点儿土带出洞。走出洞后，葛洪仔细分辨手中的土，并没有在土中发现丹砂的成分。

葛洪继续在山谷中行走，和其他的游客不同的是，他从不走大路，而是专门挑选小道走，这块岩石瞧瞧，那个土堆看看，时不时还用手中的树枝戳一戳。行人们都好奇地看着他，但他却视而不见。

葛洪的邻居家有个名叫滕升的年轻人，他很尊敬葛洪，喜欢和葛洪学习，在征得家人同意之后，便随他一起进茅山寻找丹砂。沿途，葛洪带着他考察了不少奇特的泉水。有乳白色的"分饮泉"，有可去除腹中寄生虫的"柳谷泉"，还有两口井水一冷一热的"玉蝶泉"，更有一会儿水花奔腾四溅、一会儿又宁静如镜反复交替的泉水。滕升常常好奇地喝一口泉水，然后眼睛立刻放光，大喊："葛洪叔，您快尝尝！这水，这水……"他常忍不住又喝一口，"这水甜甜的，凉凉的，真是好喝极了！"葛洪尝了之后，也经常赞不绝口。

葛洪带着滕升登上了大茅山，看见了人称

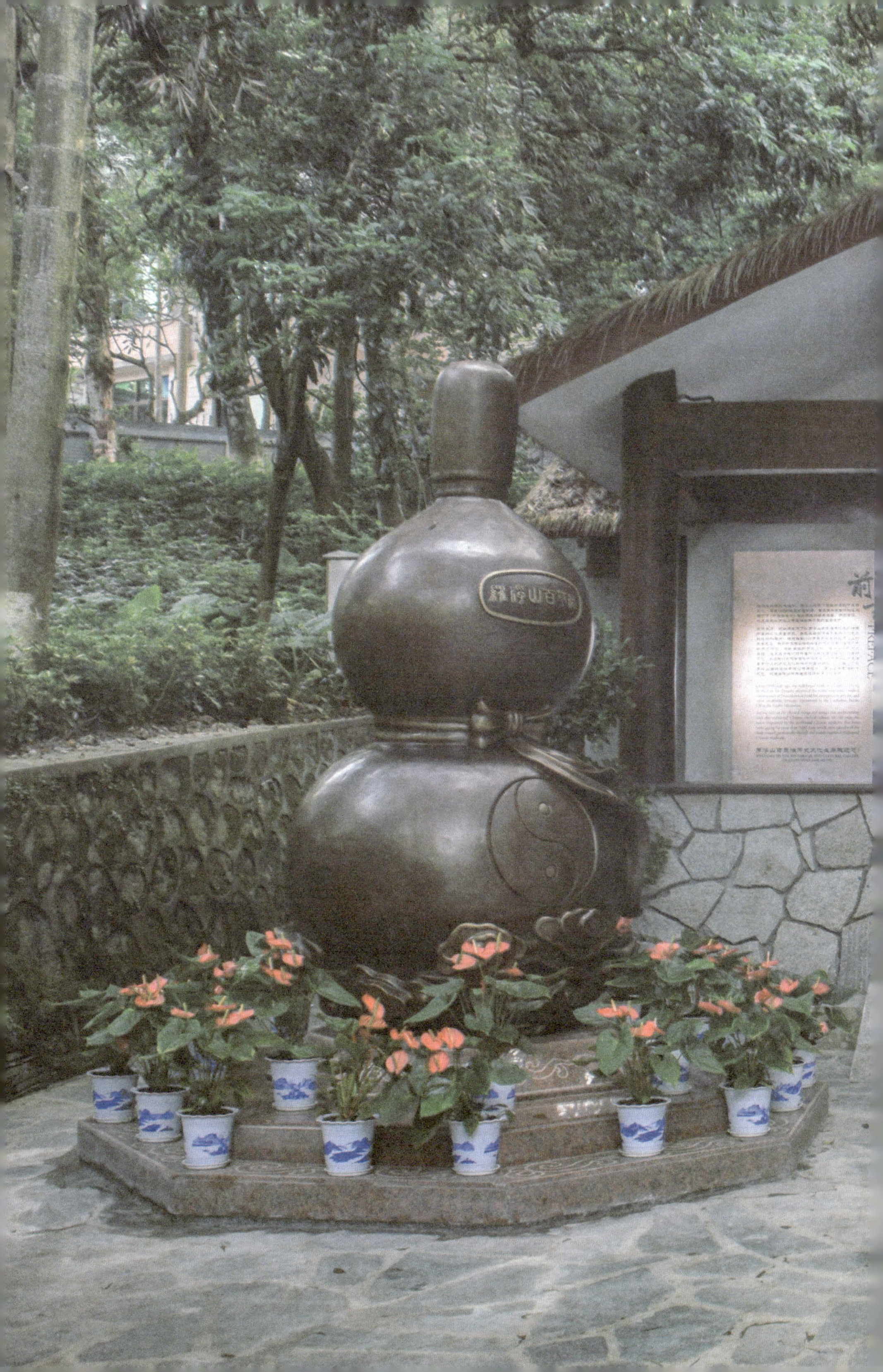
前
PREFACE

"天池"的山顶湖泊，湖边松杉环绕，景色秀美。但是这次的大茅山之行，他们只找到了几处清泉，并没有发现可用的丹砂，他们也并不灰心，继续向中茅山进发。

他们在中茅山中也没有找到丹砂，但是在山顶见到了远近闻名的"动石"。这块巨石立在一块较小的石头上面，看似很危险，稍稍一碰就能掉下，但事实上十几个壮汉也不能将它移走。葛洪绕着石头走了好几圈也舍不得离开。他看着石头发出感慨："世界上的人，有的人像顽石，做事总是固守成规，不懂变通；有的人像墙头草，随意改变，没有主见。但这块石头就不同，既灵动又坚固。我们做事也要像它一样，既要学会灵活变通，也要意志坚定。"滕升领悟地点点头："既然我们在这里找不到丹砂，那就到其他地方去找一找吧。""对！咱俩可以换地方，但咱们炼丹、行医的目标是不会改变的！"说完葛洪就带着滕升离开了中茅山，向茅山北边的一个小山坡走去。

到了小山的脚下，他们发现这座小山并没有上山的路。于是二人一路披荆斩棘，硬是自己开辟出了一条道路。葛洪的脸上、衣服上被树枝划出一道道口子，但他全然不顾。突然，葛洪发现一片茂盛的植物，这植物长得很是奇怪，披针形的叶子没有叶柄，直接长在茎上。

它的花也美极了，花冠洁白呈细长的管状，好似一根根白玉簪子。"快来看，"葛洪叫滕升，"这就是有名的茅苍术，它是燥湿健脾、祛风散寒、明目的良药。我们在大小茅山上转了那么久，都没有看到这种药材，许是被药农采摘光了，没想到能在这里找到，真是踏破铁鞋无觅处。不虚此行，不虚此行啊！哈哈！"葛洪找到茅苍术非常高兴，他叫滕升记住这个地方，以后需要的时候好来采摘。

他们又继续往上走，上面不仅没有路，还越来越陡。他们攀着藤条艰难地爬到了一处平地上，在那儿看见了一汪淡红色的泉水，淡淡的红色正是有丹砂矿的征兆。葛洪立刻跑到跟前捧着泉水喝了一口，泉水甘甜异常。二人顺着水的源头找去，很快就看见了前面的岩壁中夹着一层

丹砂粉

红色的矿层。葛洪三步并作两步跑到跟前，看看、摸摸、闻闻，又尝尝，最后从随身的口袋里取出带着的丹砂样本比对，越看越觉得相同，在确定了没有差异之后兴奋得大叫："是它！真的是它！"滕升也激动地跳起来："功夫不负苦心人，终于让我们给找到了！太好了！"

炼丹的过程异常复杂，光是炼丹的器具就有很多，比如丹炉、丹鼎等十余种，还有炼丹需要的各种药物，加在一起是一笔不小的开销，这对于葛洪来说可真是一件难事。于是葛洪找到了师父郑隐，请他指

葛洪博物馆稚川丹灶

点一二。郑隐还真是帮葛洪想过这件事情，便对葛洪说："一年前，茅山的道士们因为根本不懂炼丹之术，还想要长寿的丹药，就邀请我到大茅山去炼丹，那时候他们就说一切费用由山上的道观来出。这次我就帮你写一封引荐信，说明你是我的徒弟，他们一定会帮你完成你的炼丹大业的！"

葛洪得到了郑隐的亲笔书信，便朝大茅山去了。大茅山道观的住持得知他是葛仙翁的后人，又是郑隐的徒弟，非常热情地接待了他，

九宫八卦图

并与他谈经论道。他们说起了老子的《道德经》，住持发现葛洪不仅对答如流，而且还有很独到的见解。在场的道人们对他刮目相看，住持更是对葛洪赞赏有加，对于葛洪想要来炼丹的事情也是非常欢迎。葛洪提出了自己的想法，他说："炼丹需要安静，需要在僻静的地方好好修炼才是。这茅山虽好，可是上山求道的人太多了，难免扰了清幽，这旁边便有一座小山，那里有极好的丹砂矿，是炼丹修道的好去处。"道士们听说他要去北面那座小山都忙说使不得，他们说那里有山妖，经常发出怪叫声，村里人都不敢上那座小山去采药，危险得很呢。葛洪却不以为然，一定要在小山上炼丹。住持拗不过他，就请人在小山上开了路，按照葛洪的要求盖了丹房，修了丹炉，并送他两个小道童以及炼丹的一应事物。从此，大茅山北边的一座小山上便终年有火光，人们都知道，那是葛洪在炼丹修道呢。

知识加油站

葛洪的师父是谁？

葛洪的师父是郑隐，字思远，精通《礼记》《尚书》，善律候，阅览"九宫""三奇""河洛""谶记"，是葛洪叔祖父葛玄的徒弟，得到了葛玄的真传，善于炼丹制药。

炼丹炉

山间流水

第三章

潜心炼丹 无奈参军

葛洪在大茅山中潜心炼丹，并完成了许多著作，这是他炼丹生涯中最快乐美好的一段时间。但是这样神仙般的日子并没有持续太久，师父的仙去以及当时世道混乱都使葛洪的内心产生了变化，他不得不参军，带兵打仗……

"窃慕鲁连不受聊城之金，包胥不纳存楚之赏，成功不处之义焉。"这是葛洪功不自居的觉悟。

葛洪带着滕升和两个小道童开始了他的炼丹生涯。他们在上次发现丹砂矿的地方采砂，再将丹砂洗净，用磁石将铁屑吸净、碾碎，加入其他的配料，制成炼丹的方剂。葛洪点燃炉火，开始了他平生的第一次炼丹。

开始的几天极其平静，他们白天采砂炼丹，晚上值夜看炉，并没有发生什么事情。可是过了几天，只要山里起了大风，夜里就会听见像野兽的叫声一样的"嗷呜嗷呜"声，恐怖极了。三个少年哪里见过这样的事情，都吓得瑟瑟发抖。葛洪心里也发怵，但他还是大着胆子迈出门，仔细听了听，发现声音是从山的东南面传出来的。这一夜，他们几个人都没有休息好。为了安抚大家的情绪，第二天一早，葛洪就带上弓箭匕首，领着滕升到山里去一探究竟。他们在山里走了很久，除了几只野鸡和野兔之外什么也没瞧见。葛洪心里正纳闷，准备打一只野鸡回去吃。就在这时，一阵狂风刮过，树林里又响起了昨夜的怪叫声，吓得滕升赶快藏到葛洪身后，可是风一停，声音又没有了。葛洪警惕地朝发出声音的方向走去，原来，那声音并不是什么洪水猛兽，而是风吹过一座海螺形状的山谷留下的声音。了解了情况以后，葛洪带着滕升，打了一只野鸡便回去了。回去之后，葛洪便把在山里见到的情形和两个小道童说了，他说："那峡谷有一个小小的谷口，谷口正

野鸡

对着一处山冲，就形成了风口。风从峡谷中吹过，就像海边的渔民，用大大的海螺做成号角，当吹起海螺时就会发出'呜——呜——'的声音。"小道童们听了，恍然大悟，原来被村民们称为"山妖"的声音就是这样发出来的。葛洪还为他们讲了宋玉的《风赋》中的故事，特别对大风做了详细的解释，让几个少年了解了声音形成的缘由。几个人围坐在丹炉旁，一边烤火一边聊天，还把葛洪从山里打回来的野鸡包了泥巴烤了作为晚餐，吃得不亦乐乎。后来，一个小道童还回到茅山，把"山妖"的事情告诉了自己的师父。从此，村民们不论白天黑夜，再听到山里的怪声都不害怕了。

炼丹的生活是极其枯燥乏味的，葛洪为了丰富三个少年的生活，每天都会准备很多的活动。当第一缕朝霞染红天边的时候，葛洪就开

海螺

始带着三个少年练习"五禽戏"了。早饭过后，葛洪会给少年们讲一段书，再让他们选择自己喜欢的书籍来阅读。下午，葛洪还会分别带着他们去山里打一些野味回来吃。到了傍晚，葛洪就负责值班，让他们回去补觉，自己则在丹炉旁一边看火，一边记录一天的炼丹情况和心得体会，并钻研炼丹书籍。到了半夜，他才会喊三个少年轮流值班。

炼丹有两种方法：一种是将丹药方剂经过长时间的高温煅烧，再熔化、蒸馏、升华，从而使药物改变性质，称为"火法"；一种是先将药物溶解，经过长时间的密封反应，再在大量的水中熬制，加热浓缩，再长时间静置在含有碳酸气的空气中，最后加入少量药剂使其冷却结晶，称为"水法"。两种方法都耗时较长，而且劳动强度很大，有时需要在丹炉前看火长达几天几夜。当时，石炭（煤）的开采量很少，而且很昂贵，他们就只能使用木柴炼丹。坐在丹炉前炼丹的人，要不断地弯腰观火添柴，木柴经过火烧，冒出呛人的黑烟，熏得人眼睛干巴巴的，火烤得人浑身大汗，满脸通红，三个少年都没有叫苦，葛洪值班时也尝到了其中的艰辛。

一天，葛洪早起去小溪边洗脸。他望着溪水发了一会儿呆，脸还没有洗，就匆匆地跑回丹炉旁，把在添火的滕升替下，并差遣滕升去集市上买一面大铜镜回来。滕升不明所以，正要张口问清楚，葛洪却催他赶快动身前去。无奈，滕升只好急急忙忙出发进城，一边走还一边寻思："师父怎么突然想要买铜镜呢？莫不是师父也开窍了，想要对着镜子打扮打扮自己？"想到这里，滕升窃窃地笑了。

　　滕升把铜镜买回来后，葛洪便拿着镜子背对着丹炉，左看看，右瞧瞧，如获至宝一般，搞得其他人哭笑不得。过了半晌，葛洪才站定，并叫人搬来一截木桩放在他指定的位置上，最后把铜镜立在木桩上。他喊滕升搬来板凳坐在铜镜前，滕升摸不着头脑，但是也照着师父的吩咐坐下，待他朝铜镜里一瞧，才顿悟：镜子里能清楚地看到炉膛里的火势，并且这里离丹炉有一段距离，又是背对着，所以不会像之前那样烤得难受，需要添柴时，再转身就可以了。"哎呀，这个法子好，这个法子太好啦！"两个小道童也走过来试了试，都连连叫好。

　　"师父，您是怎么想到这个好法子的？怎么我没有想到呢？"葛洪笑着领着三个少年来到小溪旁："你们看这溪水清澈见底，像不像一

小溪

面镜子？早上我来这溪边洗脸，看见近旁的花草、远处的山林、天上的白云、溪边的青石无不清晰地映在里面，我就由此受到了启发，想着把铜镜放在丹炉前，就可以映出炉膛里的情形，不用受那炉火的炙烤了！"三个少年都拍手叫绝，夸葛洪聪明。

这件小事被村民们传来传去，最后演变成说葛洪的丹房里有一面宝镜，可以驱邪辟妖，保护仙丹，厉害得很。

葛洪平日除了炼丹之外，还会抽时间研读各种医学书籍，继续研究药物。他还经常带着徒弟和道童上山采药。他们在这座山里发现的茅苍术也着实派上了大用场。葛洪利用这些药材，凭借着自己研读古医书学来的医术为附近的道士和村民治病。

葛洪在炼丹过程中发现，以前的炼丹书籍实在太少了，内容又太过零散，于是他便将自己的炼丹经过详细地记录了下来，准备撰写一部详细阐述炼丹理论和经验的书籍。他既不抛弃前人总结的各种经验，又不墨守成规，对炼丹方法做了一些改进，在药物配方上也做了新的变化，并有了新的发现。于是他每天都亲自炼丹，仔细观察丹炉里的情况，认真分析每个进程的原理，废寝忘食地写作，终于完成了初稿。他想：古人所著的那些不朽著作都取名《孟子》《老子》《庄子》的，我何不取个"抱朴子"呢！于是他快步走到书案前挥毫泼墨，写了"抱朴子"三个大字。

葛洪的《抱朴子》中记录了很多他在炼丹过程中发现的化学变化，为古代化学的发展作出了巨大的贡献。

葛洪在《抱朴子》中写到"丹砂烧之成水银，积久又还成丹砂"，经过转化得到的丹砂称为"还丹"；记载了熔金的方法；介绍了"以曾青涂铁，铁赤色如铜……外变而内不化也"；还说明用铜、铅、汞等金属按照比例炼成各种合金的方法；详述了雌黄和雄黄加热升华后成为结晶的现象。这些化学反应的发现在当时中国乃至世界的科学界都是非常领先的，在人类科技史上意义重大。

在炼丹期间，葛洪写了大量的书稿与读书笔记，为他日后著作的

《抱朴子》

完成积累了许多素材，他还在当时完成了《神仙传》《隐逸传》各十卷。正当他沉浸在每日炼丹、写作的平静生活中时，滕升的父亲突然病逝了，滕升不得不离开师父，回家帮母亲操持家务，照顾年幼的弟妹。这对葛洪是一个不小的打击，他暗自伤心了很久。也正是在这时，江南被连绵的战火席卷，葛洪不得已暂时放弃了他的炼丹大计，离开了那座与他日夜为伴的大山。葛洪的离开让茅山的道人们非常不悦。他们怨怼他没有炼成长生的丹药，但是那里的村民却一直记着葛洪揭穿"山妖"的事迹，记得他为百姓无偿看诊，治好了许多人的病痛。后来人们为纪念那终年不灭的炉火、纪念葛洪，就把茅山北边那座山取名为"抱朴峰"。

　　葛洪离开之后，他先去看望了自己的师父郑隐，可是当他来到郑

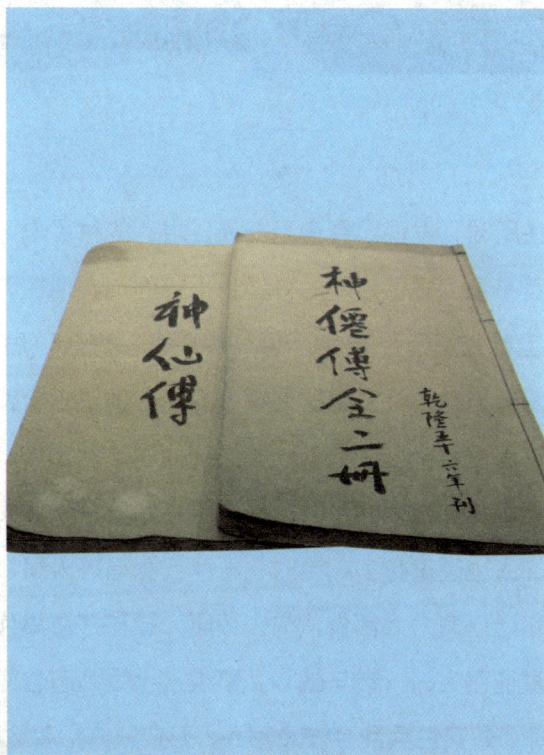

《神仙传》

隐的住所时，发现已经空无一人，附近的村民说好些天以前郑隐带着童子背着书箱离开了，随后鲁生也不辞而别，现在无人知晓他们的去处。葛洪望着空屋黯然神伤，也只得离去。许久以后他才得知，郑隐老人为了躲避当时的战乱隐居到霍山去了，但是由于路途遥远，过于劳累，刚到了那里就染上了重疾，不久便仙去了。

葛洪从郑隐处回乡时，他饱学之名已众所周知，想要推举他、给他封官的人也越来越多。当时，石冰、张昌等人聚众起义，吴兴郡太守顾秘被朝廷任命为大都督，前去镇压。顾秘在召集兵力时，曾多次写信催促葛洪征召人马，参与战斗。葛洪从小受到忠君爱国思想的熏陶，虽不愿从命，却又怕兵乱会波及家乡，无奈只好招募数百名乡亲从军。当时，

葛洪博物馆葛洪炼丹雕塑

葛洪所在的军队主将是宋道衡，葛洪是宋道衡的副手。开始的时候，宋道衡十分看不起葛洪，觉得他是个书呆子，不会领兵打仗，他的意见大多与葛洪不同，结果导致多次战败。后来葛洪获得了领导权，扭转了当时的败局，屡次取得胜利。从那时葛洪的军事才能开始展露出来。

在一次官军大败石冰军之后，敌军丢下大量金银宝物溃逃。有些将领纵兵哄抢财物，一片混乱。只有葛洪怀疑这是敌军的诱敌之计。葛洪说："所有将士都不能拿这里的一分一毫，必须严阵以待，违命者斩立决！"他的属下虽有怨言，但也不敢违抗军令。果然，队伍刚走出不远，埋伏已久的敌军就冲了出来。有些士兵只顾护着财物，无心恋战，被打得死伤惨重。而葛洪的队伍一直处于战备状态，面对敌军

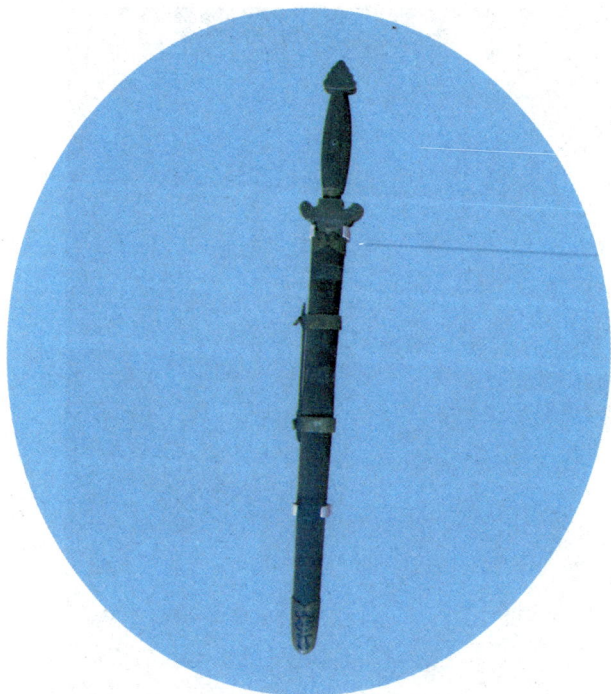

宝剑

的攻击并不慌乱，最终将敌军击退，才使全军不至于惨败。从那以后，大家都非常佩服葛洪的军事才能，他的军队也屡战屡胜。这些胜利都与葛洪少年时代博览群书是分不开的。他曾阅读过许多古代的兵书，又善于思考，知道只有在实践中才能将书中所学到的知识加以运用，这些学问才能真正变成自己的。

葛洪不仅知人善用，会领兵，而且自身也骁勇善战。这得益于他幼年练就的骑射本领，以及后来自学的剑术和棒术。他曾在一次战斗中深入敌中，被数名敌军围攻。葛洪骑马连发三箭，敌军两人一马应声而倒。葛洪就这样直接吓退敌军，突出了重围。葛洪这次的经历不仅使他自己逃过劫难，也鼓舞了士气，并且提高了自己的威望。

葛洪战功赫赫，朝廷赏赐了许多财物给他。大多数将领都将所得财物保存起来，而葛洪却不同，他将所得财物的一部分分给部下，还

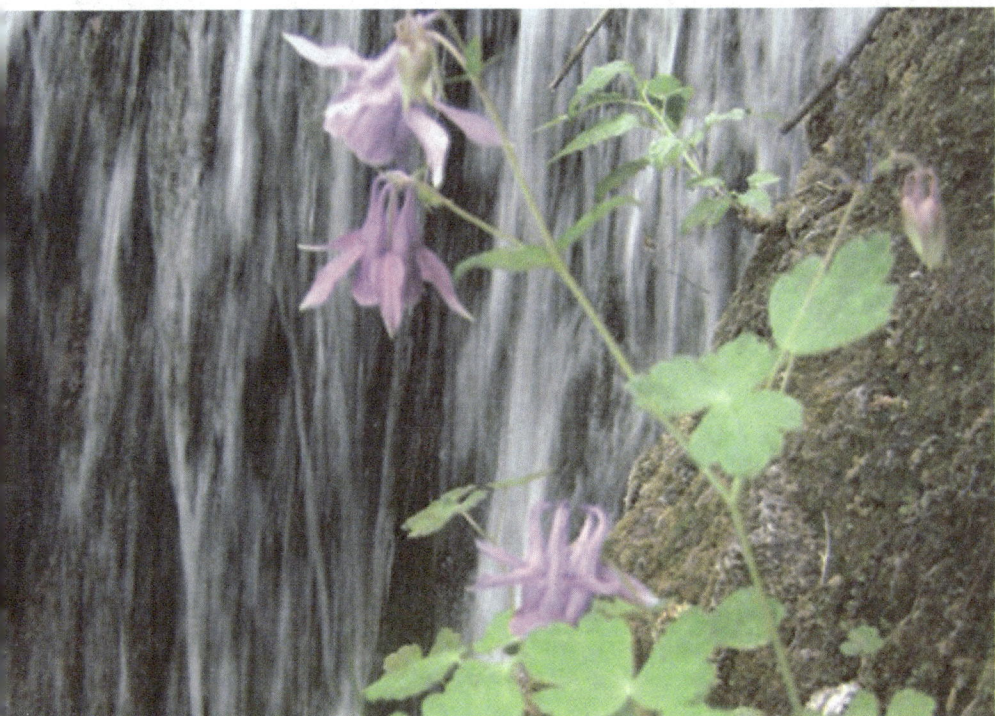

瀑布

有一部分给了旧友中的贫穷之人，剩下一点儿换成鱼肉、美酒，与将士们把酒言欢，庆祝胜利。他的行为得到了将领们的推崇，但是也招致不少人的反感，从此葛洪与个别将领和士族地主间便有了隔阂。

石冰之乱平定之后，朝廷并未论功行赏，许多将领都颇有微词，但葛洪却不以为然，他自小崇拜的就是那些有才干又不愿走仕途的人。他曾在《抱朴子》中写道："窃慕鲁连不受聊城之金，包胥不纳存楚之赏，成功不处之义焉。"这里说的是战国时期的两个能人，一个是齐人鲁仲连，他帮助田单攻下聊城，田单要给他封爵，他却逃隐于海上，仍然过着清贫的生活；另一个是楚人申包胥，他在吴兴兵伐楚之时赴秦国求兵，秦国驱走了吴国侵略军。出逃的楚王夺回王位，想要封赏申包胥，申包胥却拒绝了。葛洪认为鲁、申二人的有功而不居便是"成功不处之义"，所以他毅然脱去了战袍，又回到家乡炼丹、行医、写书去了。

知识加油站

葛洪所崇拜的"成功不处之义"的两个历史人物分别是谁？

鲁仲连（齐国人）、申包胥（楚国人）。

战国时期车马

第四章

游遍五湖 广诊急症

葛洪退伍后回到家乡，看到疾病带给父老乡亲的痛苦，他决心写出一本更好的医书，为天下百姓、为医学作出点儿贡献。于是他游历五湖四海，研究疑难杂症，收集价格低廉且易得的各种草药资料，最终写出一本流传后世的《肘后备急方》……

"诸家各作备急，既不能穷诸病状，兼多珍贵之药，岂贫家野居所能立办。"这是葛洪著《肘后备急方》的初衷。

葛洪回到家乡不久，句容县城一个富贵人家的老太爷病了，他儿子慕名请葛洪去看病。葛洪知道贵人一般都难缠，虽不愿去，可又不好推托，便硬着头皮只身前往。这位老太爷茶余饭后会阅读一些古医书，对于行医用药也知晓一二，却治不好自己的病症。他第一眼瞧见葛洪时，就嫌弃葛洪太年轻，立刻面露不悦。看了葛洪开出的方子后，更是连处方都不愿收，他说："你不守古人医道，将黄帝、扁鹊的方剂胡乱篡改，任意为之，这是要治死老

东晋药碾

夫不成？"葛洪听了十分生气，却又觉得病人为大，便默默地离去了。

　　夜晚，春雨淅淅沥沥地下着，人们早已甜甜地睡去，葛洪却仍然伏在案前。案上摆着厚厚的医书，每本书上都写满了他的读书心得，写满了他对医学的认识。但是葛洪却无心读书，他眉头紧锁，还在想着白天的事情。思来想去，仍是想不明白，为什么有些人总是迷信远古时期的医家，而不相信眼前的医者。即使身边的医者能为他们看诊把脉、对症下药，他们也还是相信古人的药方，哪怕有一点点改变都不能接受。如果永远这样下去，那医学还怎么发展呢？

　　想了一夜，在天蒙蒙亮的时候，葛洪推开窗户，春雨已经停了，他大口地呼吸着新鲜空气，看着雨后春笋破土冒尖，一夜未睡的疲劳全都消失了。这时，葛洪恍然大悟："春天正是万物复苏的季节，我何不趁着这个大好时节，写一本更好的医书，为天下百姓、为医学作出

点儿贡献呢！"他决定收集天下医书，汲取其中的精华，再加上自己平日行医摸索出来的经验，写成一部百卷医书，并给此书取名《玉函方》。此书要针对急性病、慢性病等有明确的分类……为了实现这个宏伟计划，他决定外出游学，搜罗各类医书，并丰富自己的经验，积累病例。就这样，葛洪收拾了简单的行装，辞别了母亲，开始了他的游学生活。

光阴似箭，一晃葛洪已经游历了半年多的时间。他先是一路向北到了山东，路上他栉风沐雨，不辞辛苦地遍访藏有异书之人，不论是医书、炼丹书还是兵书，他都一一拜读。除了寻访异书之外，他还做了各种社会调查，特别是关于道教以及炼丹、长生求仙方面的。无论是拜访富贵之人、饱学之士，还是拜访穷苦书生、平民百姓，葛洪都虚心求教、和善待人。人们大都倾囊相授，这使葛洪学到了很多新的知识。葛洪

从小在山清水秀的江南长大，到了北方，看见广袤无垠的土地、奔腾不息的江河、豪爽粗犷的人民，振奋不已，这一切都与他的家乡不同。当时正值"八王之乱"，葛洪所处的地方由于死伤惨重，便闹起了瘟疫，各种急性病也随之而起。当时大夫是非常没有社会地位的职业，做大夫的人很少。县城里还好一些，偏远地区的人想要治病就太困难了。然而急性病又是不等人的，犹如洪水猛兽一般，经常是大夫还没有找到，人便没命了。即使身边有懂点儿医术、手里有医书的人，也往往是还没有在古代繁杂的医书中找到治疗方法，病人就已经没救了。这正是急性病最棘手的地方，葛洪当时发现了这一点，他深感痛心与忧虑。

有一次，葛洪赶路时路过一个小山村，到了村口都没有看见人影，只有几只恶犬对他狂吠。走进村里他才知道，这里的村民都得了伤寒症，

葛洪博物馆葛洪采药场景

因没有大夫医治，只能躺在家里等死，已经有大批的人死去了，尸体也腐臭在家里无人安置……葛洪看见这一幅幅凄惨的画面，顿感痛心疾首。接下来的几天，他都夜不能寐，每每闭上眼睛一张张苍白的面孔就浮现眼前，一声声痛苦的哀号也在耳边不断回响。葛洪当时就觉得古代治疗伤寒的麻黄汤、桂枝汤等二十多张方子都是大的药方，复杂难备，对于这种情况根本就不能够及时施救。于是他后来就设计了一些简便易行的有效医方，满足穷乡僻壤百姓的需要。

这天夜里，葛洪辗转难眠，便起身伏案读书。他偶然看到了自己之前为编写医书所列的计划，计划里写到要分门别类地写出一百卷。一想到这部医书要花费多年心血才能著成，他猛地拍案而起，决定暂时放弃写《玉函方》的庞大计划，转而抓紧时间写一本治疗急症的医书。他想到古人曾有编写"肘后方"的打算，就是把医书挂在肘后方便随时查看，但是并未完成；有的人也写过急症医书，但是这些书籍都有对症状描述不清楚、对针灸穴位写得晦涩难懂、所用药材珍稀昂贵等一些弊病，因为实用性不强，所以这些书都没有广为流传。葛洪想：我要想写成一本所有人都能通读并使用的急症手册，便要取其精华，去其糟粕。于是，

中
药

葛洪博物馆青蒿园

他借着微弱的烛光和窗棂透过来的皎洁月光记录了他对这本医书的初步打算。他给自己定下了四条书写原则：第一，文字要通俗易懂，不论有没有医学功底都能够读得懂；第二，对急症的症状详述清楚，辨别特征要一语道破；第三，处方中所用的药物要简便易得，价格便宜，不使用昂贵的药材；第四，除药物外，针灸不讲晦涩的针灸穴位，只说清楚部位分寸，便于人找准范围……这便是写这部著作的初步打算。他为了写成这部书，又游历数年。在这数年间，葛洪记载了民间的各种急症，并收集了针对这些病症的民间验方和针灸穴位，最终整理成册，写成了流传至今的《肘后备急方》。这也是葛洪悲天悯人、大医情怀的体现。

此后，葛洪便继续踏上了他的游学之路，从山东向河北出发。当时正值盛夏，炎炎烈日炙烤着大地，赶路的人们大汗淋漓，暑热难当。五岳之一的恒山自古就是道教隐士的修道隐居圣地，相传八仙之一的张果老就是在恒山隐居潜修的。所以葛洪向往恒山更是心切，他夜以继日地赶路，向北岳恒山进发。到了恒山，葛洪便被山上的苍松翠柏、险峰怪石、山峦叠嶂吸引住了，顿感浑身舒爽。葛洪在山上住了几天，结识了两位修道的隐士，兴奋不已。葛洪每天都与他们谈经论道，交流养生之法，不亦乐乎。葛洪决定在山上多住些时日。

　　但是没过多久，上山来访的五个人打乱了葛洪的计划。这五人是从河南远道而来的，他们来到恒山便一路跪拜祈祷。葛洪见他们中有三人面目狰狞可怖，但神情却异常虔诚，便上前询问一二。原来他们的家乡河南一带近几年流行起了两种怪病，大夫们束手无策，村民们痛苦不堪，更是有许多人都因此而丢了性命。他们中的那三人得了其中一种病，虽好不容易活了下来，却也落得一脸坑坑洼洼的麻点。村里的人听说恒山的神仙很灵验，便凑了路费，推举他们五人上山祈祷，保佑村民们幸免于难。葛洪听了他们的描述，忍不住自己的好奇心和同情心，决定立刻下山前往河南弄清楚这两种怪病。于是他辞别了两位道士，只身前往河南。

　　到了河南，走访了许多的村子，见到了一个又一个病人，他不怕辛苦，不怕脏累，冒着被传染的风险，终于把这两种怪病的情况摸清

楚了。这其中一种病当地人称为"肤疮"或者"豆疮"，患病的人会出现寒战高热、浑身酸痛的症状，重者还会惊厥、昏迷，皮肤上先是出现一些小红点，然后会变成丘疹、脓包，接着脓包破溃、结痂，最后留下瘢痕。这些脓包会长满全身，使病人全身溃烂，痛苦不堪。此病来势凶猛，半月有余便可致人死亡，即使侥幸医好，也会留下满脸满身的坑洼疤痕。葛洪治疗时先将病人隔离，并制定了新的食谱，让患者每顿饭都食用蒜蓉拌葵菜，而后用升麻汤清洗患处，再用草药酒涂抹创伤，用清凉血液的草药熬水浸泡，同时根据病人体质制内服药加以治疗。他还对病源做了一些走访调查，后来得知了这种病来源于海外。在东晋建武年间，中国与南洋土人作战，俘获了大批的俘虏，这些俘虏当中就有得这种病的人，这种病便是从那时候流传至今的。

　　葛洪当时研究的这种怪病，其实就是现在被我们所熟知的天花病。葛洪认为这种病与毒气浸染有关，这与我们现代医学所说的病毒感染的

山脉

概念极为相似。葛洪对于天花病的记录可以说是全世界最早的，以前西方医学家都认为世界上最早记录天花病的是阿拉伯大夫雷撒斯，但是后来才发现，葛洪的记载早了雷撒斯五百多年，而且葛洪的记录是非常详细的。

葛洪在河南发现的另外一种怪病，当地人称为"尸注"，得了病的人畏寒发热、精神恍惚、浑身无力，但是又说不出是哪里不舒服。随着时间的推移，病人会逐渐消瘦，直至死亡。这种病的传染性极强，即使人死了也会继续传染，往往一人得病，全家遭殃。并且此病症状千变万化，每个病人的表现都不相同，在肺、胃肠、肝、骨都可能会有症状出现，难以捉摸。这种怪病说的便是今天的结核病。结核病菌的强传染性、多病灶、久病程的特点在葛洪的观察记录中都有所体现，他对于结核病的探索也是我国最早的。

葛洪在河南除了研究恒山上遇见的五人所说的两种怪病之外，他还发现了另外一种传染病。葛洪记载，有一年，出现了一种浑身发黄的病。起病时，病人觉得四肢沉重、精神不振、双眼发黄，之后，黄色遍及全身，并有全身出血的现象，不久便会死亡。这就是后来的流行性钩端螺旋体病。德国医师外耳曾提到一种流行性急性传染性黄疸病，临床症状为骤起寒战

油菜花田

发热、全身无力、黄疸、出血、肾功能衰竭及肝脾肿大等，他的发现要比葛洪晚一千五百多年。

葛洪查清了这几种怪病以后，便往洛阳行进。有一天中午，葛洪路过一处村落，大片的油菜花田金灿灿的，很是耀眼，袅袅的炊烟让人心中宁静。突然不远处发出一声惊叫，紧接着拥出一群人，他们有的手握扁担，有的拿着锄头、棍棒，围着什么高声喊打。葛洪急忙赶过去，一瞧，原来人们围打的是一条疯狗。只见疯狗已经被打倒在地，伸着舌头口中流涎，两只通红的眼睛瞪得发直。被咬的是一个小伙子，他也吓得不轻，抱着腿直冒冷汗。当时的人们对于被疯狗咬了的后果也是知道的，被咬的人会得"疯狗病"，病人兴奋若狂，受不了一点儿刺激，被风吹到或者听到刺耳的声音就会全身抽搐痉挛，看见水或者听到水的声音都会抽风，所以此病又称为"恐水病"。得了这

地
黄

种病的人大都会全身麻痹瘫痪而死，可以说是不治之症。葛洪在这次的游学过程中遇到过几例这样的病症，早年在家乡也见过。他经过细心观察和多方查问得知，凡是被疯狗咬伤的人每过七天就要发病一次，如果连续二十一天不发病就能暂时脱离危险，但是要经过三个月不发病才有可能逃过这一劫。得了病的人即使治好也要格外小心，防止复发，绝对禁食狗肉和蚕蛹，如果不小心误食导致复发，就再没有治好的可能。

葛洪曾经对这种病的治疗方法狠下过一番功夫，他深入民间，寻访各种治疗此病的方法。例如，有的地方是先将病人伤口里的毒血吸出，连续艾灸一百天，病人可脱离危险；有采用薤白或地黄捣成汁内服及外敷，也可逐渐好转；有用白矾研成细末，敷于伤口处包扎，以防恶化；还有用干姜研末内服及外敷，也有一定效果。但葛洪觉得这些方法都不是十分有把握，虽然有一定效果但是不一定能够治愈，他并不满足于此，总是想着寻找新的治疗方案。他看看受伤的小伙子，又看看瘫死在地上的疯狗，突然有了一个大胆的想法：《黄帝内经》中曾提到过一种以毒攻毒的治疗方法，这疯狗咬人，定是将嘴里的毒物传入人体，人才生病的，那我可不可以用这疯狗身上的毒物来试一试呢？

于是葛洪立刻向村民说出了他的想法，村民得知他是一位大夫，看着又老实稳重，待人热情，就同意了。被疯狗咬的小伙子家里很清贫，没有多余的钱请大夫，更没有别的法子，一听葛洪说得有道理，便恳请葛洪当场医治。葛洪当即取出疯狗的脑仁儿给小伙子敷在伤口上。为了观察后期效果，葛洪便暂时住在了村里。过了七天，小伙子没有发病，又过了十四天，小伙子依旧安然无恙。初步试验算是成功了，葛洪高兴极了。从此以后，但凡是遇到这样的病例，只要条件允许，葛洪都会叫人取出疯狗的脑髓敷在患者伤口上治疗。经过多次实验证明，这种方法是很可靠的，被疯狗咬的人，只要在七日之内敷了疯狗的脑髓，一般都不会发病。当然也会有一两个特殊的，但是发病情况也比用其他方法治疗或不治疗的病人轻许多。

狗

葛洪采用的这种治疗方法就是现在我们所说的免疫法。现代医学认为，细菌或病毒一旦侵入人体，人体本身是可以建立防御来抵抗细菌侵袭，并消灭它们的。所以并不是所有的人都会发病，但如果人自身的抵抗力很差，细菌和病毒就会致病。免疫的方法就是让人体进行抗毒训练，从而提高抗病毒的能力，免于得病。欧洲最早发明免疫法的是法国微生物学家巴斯德，一开始，他将狂犬病毒注射到家兔的体内，让病毒经过传代，再注射到健康狗的体内，他发现：经过多次传代后，病毒的毒性大大降低。将这种病毒注射进健康狗的体内时，狗不仅不会发病，还能对狂犬病毒产生免疫力。巴斯德将多次传代的狂犬病毒随兔脊髓一起取出，并进行自然干燥减毒，制成减毒狂犬疫苗粉针剂，用于预防和治疗狂犬病。但这种研究也是在19世纪完成的，而葛洪比巴斯德早一千五百多年就运用免疫原理治疗病人了。因此说葛洪是世界免疫法的先驱者。

知识加油站

葛洪去河南探究的两种怪病分别是什么？

1. "肤疮"或者"豆疮"，即天花病，是由天花病毒感染人引起的一种烈性传染病。

2. "尸注"，结核病，是由结核杆菌感染引起的慢性缓发的感染性疾病。

兔子

第五章

贤妻助医　神仙眷侣

葛洪应好友嵇含的邀请到广州为官，结识了志同道合的南海太守鲍靓。葛洪与鲍靓一见如故。而鲍靓很赏识葛洪的才华，就认葛洪做了徒弟，更是把自己的女儿鲍姑许配给葛洪为妻。鲍姑从小受父亲的熏陶擅长灸术，成为葛洪生活上、事业上的贤内助……

"采尝百草，医治奇难，活人无算"，这是世人对葛洪妻子鲍姑的评价。

当葛洪怀着满腔的热血和求知欲到达当时的政治经济文化中心洛阳的时候，洛阳已经燃起了熊熊的战火。朝廷内讧，司马氏政权动荡不安，两军争占洛阳，兵民死伤数万，城内更是尸骸累累，惨不忍睹。葛洪在洛阳难于久留，只能失望地往回走，打算返回江南。这时陈敏的叛乱波及徐州、扬州，葛洪也难以原路返回。他进退两难，便打算从荆州寻机会东向江州而返回丹阳。正在这时，葛洪在荆州恰巧遇见了他的旧友嵇含。嵇含曾任征南将军范阳王虓手下的从事中郎、振威将军、襄城太守，后来王虓战败，他便投奔荆州刺史刘弘。刘弘知道嵇含的才能和为人，便以贵宾之礼接待了他。葛洪遇见嵇含的时候，嵇含正要去广州担任广州刺史，于是他便邀请葛洪做他的参军，先一步去广州安排接任一事。葛洪深知如今天下大乱，自己回乡困难重重，他虽不愿意参与其中，但一想到做了参军既可以暂时躲避战乱，又能够继续赴南方游学，考虑之后便答应了。可是葛洪在广州却没有等到嵇含。当时镇南大将军、荆州刺史刘弘突然去世，嵇含是接任他职务的最佳人选，便被暂时留在荆州处理事务。也正是这时，与嵇含有怨嫌的一个担任司马的属官感觉受到了威胁，便趁着黑夜刺杀了嵇含。嵇含的死对葛洪是一个沉重的打击，他十分悲愤，便绝意于仕途，再不为官。他转而服食养性，修习玄静，在广州停留了下来。

葛洪在广州停留了多年，先是到现今的越南和柬埔寨等地游学考察。他主要考察了那里的特产，这为他在后来写作《抱朴子》提供了重要素材。葛洪在返回途中，到各地游览山水名胜，忽觉身上发起痒来，而且有时候还会有一点儿刺痛，仔细一瞧，是身上出现了一些大小如小米或赤豆一样的红点。过了几天，红点变成疮，全身的关节也不爽利起来，有时还会有痛感，甚至还有些发烧。这是怎么回事呢？

《抱朴子内篇》

　　他想自己虽然小的时候体质比较羸弱，但是自打学习了五禽戏和棍棒等强身健体的武艺之后，坚持操练，体质也一天天健壮起来。之后虽然一直游历山水，长途跋涉，风餐露宿，还接触了那么多的传染病患者，身体也都经受住了考验，没有什么病痛，这次是怎么了呢？葛洪自言自语："难道是水土不服？不会！在广东停留这么久怎么独独到了山里才起疹子呢？"身为医家的葛洪知道这次的疹子不是平白无故起的，便决心弄清楚病因。于是他就去挨家挨户访问山民，山民们见惯不怪，他们中不少人都得过这种病，其中好多人也正被这种病困扰着，只是他们都不知道病因所在。没读过什么书的山民解释不了这种情况，就都说是"鬼气"所致。葛洪也曾想过，这深山密林里地气湿热，难免会产生瘴气，会不会是瘴气所致呢？

　　过了一段时间，一个偶然的发现终于让葛洪解开了心中的谜团。

那是一个特别晴朗的早晨，天空万里无云，阳光照着清晨的露水，空气格外清新。葛洪在山间穿梭采药，忽然他又一次感到全身痛痒，他定睛往身上痛痒最甚的地方一看，激动得大叫起来："哎呀！没想到是你们这些小东西在作怪！"原来他发现有好几条黄白色的小虫子在皮肤上蠕动着。他兴奋得连身上的不适都忘记了，怀着强烈的好奇心和求知欲，仔细观察起来。这些小东西特别细小，就如同细沙一般，如果天气不是这般晴朗，是断然不会被发现的，它们还能够钻进人的皮肤里面去，怪不得前几次都没有发现。葛洪当即就断定这些小东西就是罪魁祸首，当它们吸食人血的时候，便把毒素留在人体之中，使人发病。因为这些小东西细小如沙，又像是虱子，葛洪便给它们取名为"沙虱"。这种"沙虱"病，葛洪以前从来没有在任何医书上见到过，而且他在北方和江南游学的时候也从来没有听过，为什么会在这里发现呢？葛洪继续在山上山下到处观察，发现这种小东西是南方独有的，而且在深山草丛里特别多。这些小东西非常厉害，它们除了靠自己爬行

鲍姑像

湖

之外，还能依附在人体和衣物上，也可靠着水流和风力来散播。葛洪发现这些之后便一一记录下来，他还根据自己对沙虱毒的理解研制出了几种简单有效的治疗方法，其中有药浴法，有针灸法，还有外敷法等。

葛洪所发现的这种"沙虱"病就是现代医学上的恙虫病，"沙虱"便是恙螨，这种恙螨和蜘蛛长得很像，它的幼虫很小，肉眼很难发现，需要借助显微镜才能看清楚。恙螨虽小，但是对人体的危害却很大，它能够传染多种疾病，从而引起疖疮、哮喘、过敏性鼻炎、紫癜性皮炎、湿疹、荨麻疹等疾病。国外最早发现恙螨是在 1650 年，直到 1878 年美国大夫才发现它能使人畜致病。而葛洪通过自己细致认真的观察发现了沙虱，这要早于国外一千五百多年。

葛洪的《肘后备急方》中还记载了黄疸性传染性肝炎："比岁又有肤黄病，初唯觉四体沉沉不快，须臾，见眼中黄，渐至面黄及举身皆黄，

急令溺白纸。纸即如柏染者，此热毒已入内，急治之。""黄汁者，身体四肢微肿，胸满不得汗，汗出如黄柏，汗油，大汗出。"这种周身发黄、胸部胀满、四肢肿胀、有时出汗也是此病的症状，就是现在的黄疸性传染性肝炎。葛洪在书中收集了一些治疗肤黄病的方子。今天人们知道，黄疸性传染性肝炎起病时患者常感畏寒、发热，体温38℃左右，少数患者可持续高热数日。更为突出的症状是全身疲乏无力、食欲减退、恶心、呕吐，尤其厌恶油腻食物，上腹部堵胀满闷，尿黄似浓茶水，大便较稀或便秘，主要通过消化道传染。

　　游历山水回到广州之后，葛洪结识了南海太守鲍靓。鲍靓是一位兼通医术的道家学者，酷爱炼丹修道。葛洪与他一见如故。鲍靓前几年从嵩山刘君石室的石壁上得到上古《三皇天文》这一重要的道教经典，这对热衷于收集道家经典的葛洪来说，更是喜出望外。而鲍靓很赏识

少室山风光

三元宫鲍姑像

葛洪的才华，就认葛洪做了徒弟，教他医术与炼丹之术。鲍靓器重葛洪，之后把自己的女儿鲍姑许配给葛洪为妻。

葛洪的妻子鲍姑从小生长于仕宦兼道士家庭，深受道教影响，在父亲那里学得医术，婚后又从夫行医炼丹。可以说鲍姑与葛洪志同道合，能结合在一起也是很自然的事情。鲍姑嫁给葛洪时年十八，当时葛洪的医术已经声名远扬，因此请他看病的人一年四季络绎不绝。鲍姑见丈夫忙得不可开交，她又自幼受父亲言传身教，便决心精进自己的医术，以便能作为丈夫的助手，替他分担一些。她找来葛洪抄录收藏的《黄帝内经》《黄帝明堂经》《针灸甲乙经》等古代医学书籍，手不释卷，遇到不懂的地方就向葛洪讨教。由于夫妻二人经常共同探讨，鲍姑的医术进步很快，也练就了一手好针法。鲍姑医术精湛，十分擅长针灸

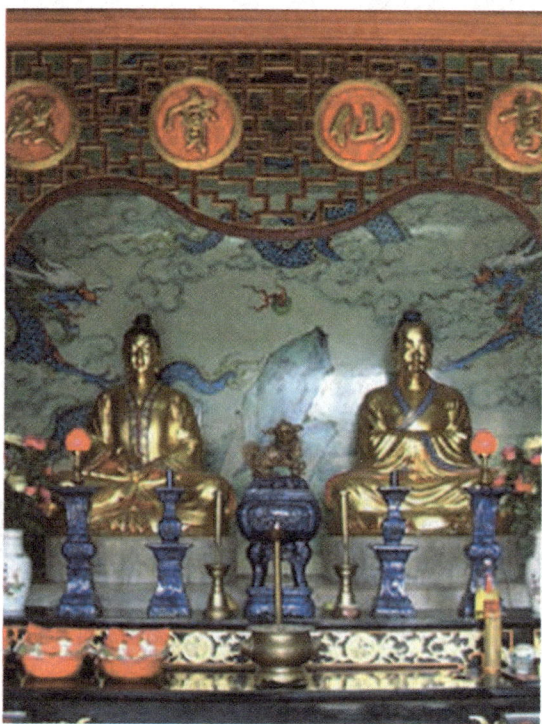

葛洪与鲍姑

之术，更是因为用当地盛产的红脚艾灸治疗赘瘤与赘疣而驰名广州。她的足迹遍布南海、番禺、广州、襄阳等地，一生行医采药，是我国历史上第一位女针灸家。在当时，妇人能跋山涉水采草药治病救人，勇气是十分可嘉的。

鲍姑精于灸法，她采越秀山脚下产的红脚艾，制成艾绒条，用火点燃，在赘疣上熏，不久赘疣便会脱落。有一天，鲍姑在行医采药回家的途中，看见一个年轻姑娘在河边照面，边照边流泪。鲍姑便上前询问，只见这姑娘脸上长了许多黑褐色的赘疣，十分难看。姑娘说，她芳年十四，身边的同龄女伴都已结婚生子，但她却因为脸上的黑痣至今也找不到如意郎君，乡亲们都嘲笑鄙视她，所以才顾影自泣，准备一死了之。鲍姑问清缘由，当即从随身携带的药箱中取出红脚艾，搓成艾绒，用火点燃，轻轻地在姑娘脸上熏灼。不久，姑娘脸上的黑色疙瘩全部脱落，看不到一点儿瘢痕。姑娘从此变成了一个美丽的少女，感激涕零。可见鲍姑的灸法不仅有祛除赘疣的奇效，还有美容的效果呢。

关于鲍姑的灸术有许多的神话传说，《太平广记》就有这样一段故事：相传唐代的崔炜就曾机缘巧合地得到了鲍姑的灸术。鲍姑升仙后，常化身为凡人来到世间游历。有一次一个姓陈的先生在寺庙祭祀，鲍姑化身为一个乞讨的老妇人从此处经过，不慎打破了陈家的酒瓶，因没钱赔偿，受到陈家人的殴打。崔炜正好路过此处，看到被打的鲍姑，便脱衣抵偿。鲍姑被崔炜的善举所感动。过了几天，鲍姑再次遇到崔炜，为了感谢他上次为自己解围，便送给了他一些越秀山脚下产的红脚艾，并教给他使用的方法。崔炜得到此艾数日后，遇到了一名耳部患赘疣的老和尚。崔炜便用艾为他治疗，效果特别好。后来老和尚把他介绍给一个姓任的患赘疣的富翁。也是一炷艾即愈，富翁非常高兴，当即送钱十万给崔炜。崔炜也因此声名大噪。很多人问他用的是什么仙药，他回答说："鲍姑艾。"这个故事虽然只是神话传说，但也充分说明了鲍姑针灸技艺的高超，人们也因此称她为"鲍仙姑"。鲍姑生前将自己的灸术传于葛洪的徒弟黄野人，黄野人后来将鲍姑的医术发扬光大，尤精于治疗疮瘘之疾。

葛洪专注于炼丹，大部分精力都放在炼丹修道之上，只有少部分精力放在行医上，因此对于针灸治疗的实践就不如专攻针灸法的鲍姑。鲍姑虽然没有留下著述，但她灸法的大量临床经验为葛洪的著作《肘后备急方》提供了丰富的素材。鲍姑发现前人的医学著作大多详于"针"而略于"灸"，《黄帝内经》《伤寒论》对灸法语焉不详，《难经》没有论及灸法，《针灸甲乙经》对灸法的论述也十分简略。鲍姑认为针灸中的针法需要掌握准确的施针穴位，需要操作者具有一定的医学知识，而灸法则不同，灸法只需要掌握部位分寸的特点就可以进行操作，这样即使是普通百姓也可以操作治疗。所以葛洪在撰写《肘后备急方》时，鲍姑为灸法做了详尽的补充。全书八卷七十三类疾病中，有三十多种详述了灸方，九十九种针灸方中有八十余种是灸法，对针灸医学的内容进行了充实和完善。《肘后备急方》中对针灸治疗方法的详尽描述，为中医学灸法的发展作出了重要贡献。

鲍姑与葛洪提倡用大豆、牛乳、松节、松叶来治疗脚气病。现代化学分析结果也表明，这些药物中所含有的丰富的维生素 C，是治疗脚气病很好的成分。鲍姑曾采用青蒿法治疗疟疾："青蒿一握，以水二千渍，尽服之。"而现代医学同样证明了青蒿中所含有的青蒿素是一种治疗疟疾的特效药。青蒿素与以往的奎宁、氯喹不同，对于恶性疟疾，特别是脑型疟疾，以及对氯喹等具有抗药性的疟疾都有理想效果。鲍姑还常采用一种名为"蘋"的多年生水草来治疗各种疾病。蘋大量生长在广东蘋花溪一带，其茎横卧在浅水的泥中，四片小叶组成副叶，因像"田"字又名"田字草"。这种植物可去热解毒、抗菌、抗疟、利小便、消水肿，主治跌打损伤、目赤翳膜、口舌生疮、吐血、蛇虫叮

葛洪博物馆青蒿园

咬等症。鲍姑对于天花病的治疗也有着卓越的贡献。她采用简便的接痘术，将天花疮浆注入被接种者的鼻黏膜内，预防当时人们认为很可怕、不可治愈的天花病。鲍姑也成为世界上第一个采用疫苗接种的方法预防天花的人。

　　凭借精湛的医术和救死扶伤的精神，鲍姑深受后人敬仰。在她曾经行医的地方，百姓凿井筑庵多处以示怀念。其中广州越秀山下的越冈院，明代翻修之后改名为三元宫，乾隆年间在此为鲍姑建祠设像。相传鲍姑曾在殿前的古屋居住过，屋旁有一口古井，因鲍姑当年曾取井中泉水配红脚艾为医方治病救人，所以被称为"鲍姑井"。由于世

葛洪博物馆序厅铜雕

间流传着不少有关鲍姑的神奇传说，所以当地人遇到疑难杂症时常喜欢到鲍姑祠前燃香请愿。清代嘉庆年间，三元宫道观内还立了一块刻有道家练功兼针灸穴位图像的石碑，据说也曾被用作传授气功和针灸术的教具。这也象征着鲍姑的医术在后世被不断发扬光大。

一次，葛洪与鲍姑正在山中采草药，忽闻一声惨烈的叫声。原来，是一樵夫不慎跌倒，摔断了腿。诊断病情后，他们就地取材，将山上采的草药捣碎为樵夫敷在患处治疗骨伤，但是怎么将樵夫扶下山、怎么在移动的过程中不加重他的伤势成了难题。葛洪看到地上樵夫背的竹子，心生一计。他将竹子劈开截成与患处长短相同的小板子，在患

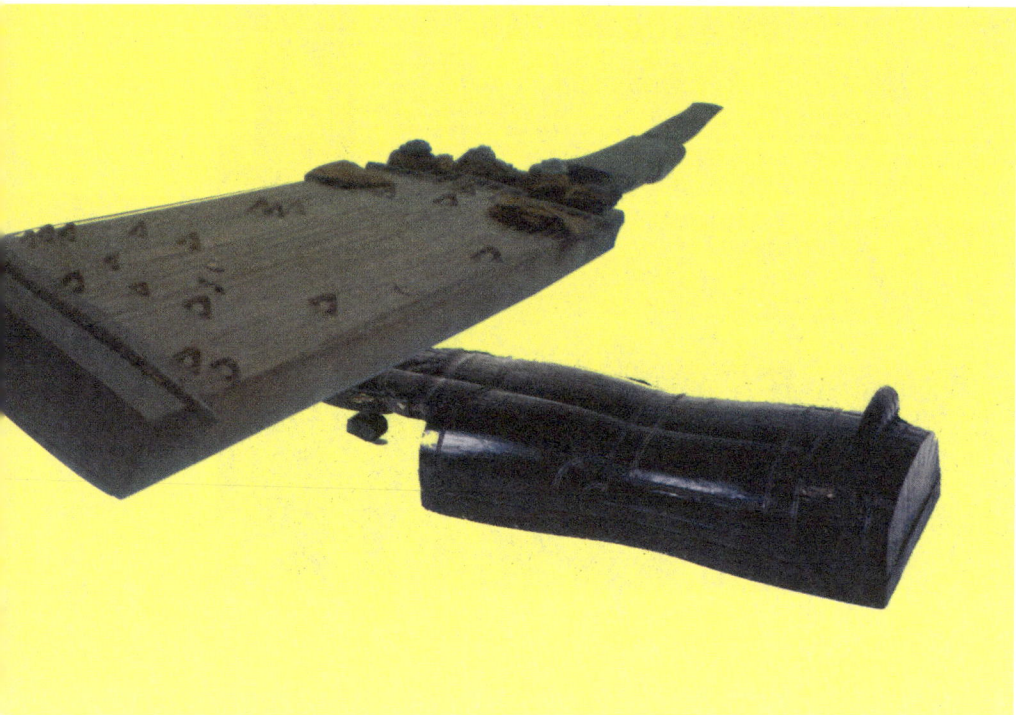

琴瑟和鸣

处四周加以固定捆绑，于是"夹板固定术"应运而生。当年葛洪的"小夹板局部固定法"，开拓了中国骨科治疗的新纪元。

葛洪与鲍姑举案齐眉、琴瑟和鸣，葛洪在医术上所取得的光辉业绩与鲍姑是密不可分的。鲍姑在炼丹方面也卓有成效。她与葛洪在一千六百多年前就进行了"还原反应"，他们不断探索，将炼丹材料扩大为二十多种，并发现了许多新的化合物。他们还用水银、雄黄和猪油配制成了世界上最早的药用软膏。

葛洪的妻子鲍姑最擅长哪种医术？

灸术。

雄黄

葛洪博物馆葛洪机器人

第六章

修身养性 罗浮隐居

葛洪成家几年后回到家乡,他彻底看清了当时统治王朝的腐败不堪,厌烦了官场上的种种钩心斗角,明争暗斗。于是,他在家乡开始了清心寡欲的简单生活,之后又迁居罗浮山,潜心修道,并完成了多部经典著作……

"仙法欲溥爱八荒,视人如己",这是葛洪修道的道德价值标准。

成家三年后,葛洪因思念家乡的老母亲,便带着妻儿从广东启程回家。他们途经杭州的时候,被这里秀丽无比的湖光山水吸引了。葛洪一家便在西湖北岸的一个小山岭上租了几间茅屋,暂时住了下来。选择在杭州住下来,一方面是因为这里的秀丽山水和一些民间流传的美丽传说引起了葛洪强烈的好奇心;另一方面是葛洪想在杭州提高炼丹技术。浙江一带的冶炼技术历来就比较发达,此地在汉代也是铜铁矿的主要开发冶炼之处,在更早的春秋战国时期更是曾经铸造出"干将""莫邪"

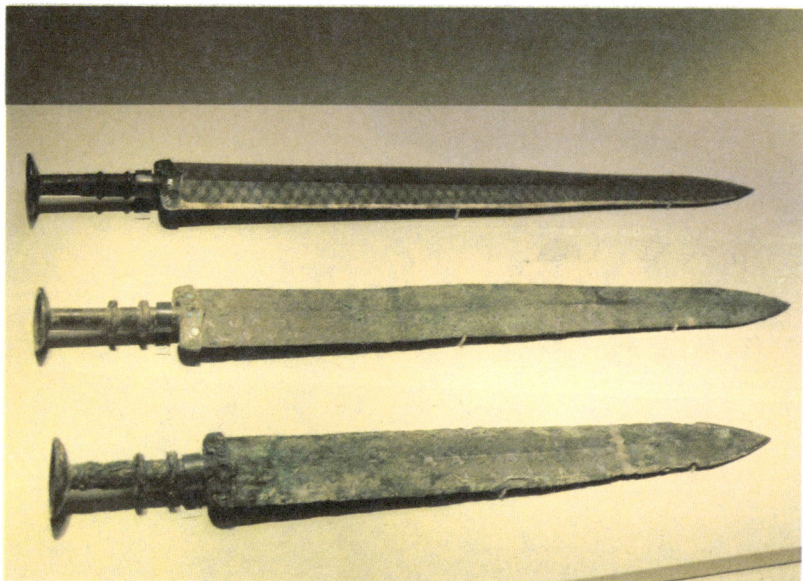

春秋战国宝剑

等许多削铁如泥的利剑。

　　这一天，是中秋节过后的第三天，鲍姑见葛洪一直伏案整理各种资料，便催他出去走走，活动活动筋骨。葛洪放下笔，缓步来到屋外，便闻到阵阵桂花的香气。他猛然想起，今日是八月十八，正是钱塘江观潮的最佳日子，便穿过青山绿水疾步朝钱塘江边走去。到了江边人潮鼎沸，摩肩接踵，场面好不热闹。不一会儿，人潮便骚动起来，许多人高声大喊："发怒了！发怒了！"葛洪闻声抬头远眺，只见那海天相接处突然涌起一道水线，迅速朝堤岸直逼而来，气势汹汹。潮水发出阵阵咆哮，开始如阵阵沉雷，不一会儿便像狂风暴雨般席卷而来，碰到两边的堤岸更是卷起几丈高的狂澜，但瞬间又化作无数洁白晶莹的水珠。

　　这时，不少游客都点起了香烛，跪在地上磕头。葛洪感到奇怪：为什么这些人要说江水"发怒"了？又为什么要对着它叩拜呢？葛洪不明所以，便向身边两位白发苍苍的老人请教起来。老人们开始很诧异，

海
边

用异样的眼神看了他一眼，后来又听出他是外地口音，并且态度恭敬，这才对他讲述了其中的缘由。

　　原来这中间还有一个传说。在春秋时代，这里属于越国，与它相邻的是吴国。起初吴国比越国强大，打败了越国。越王勾践为了争取时间，积蓄力量，实现复国，便暂时向吴王夫差请和，并送了美人西施以示诚意。吴王夫差是一个骄傲好色的君王，见到美貌的西施，便同意了越国的请求。当时吴国有一个大臣叫伍子胥，他识破了勾践的计谋，不同意就这样结束战争。但是夫差已经被美色迷住，什么话都听不进去。同时吴国的奸臣太宰伯嚭也受了越国的贿赂，在夫差那里频频进谗言，说伍子胥的坏话。伍子胥被夫差威逼自杀，死后被装进麻袋抛进了钱塘江。九年以后，越王勾践卧薪尝胆，果然积聚了力量，灭了吴国。传说钱塘江的潮水如此凶猛异常，就是因为伍子胥的冤魂

于冥冥之中发怒造成的。这便是当时在百姓当中流传了数百年的古老传说，之所以能流传至今，也体现了人们对于忠心耿耿的伍子胥的同情及对昏君夫差的愤怒。葛洪虽也听说过这个故事，但并不是很具体，听了老人的介绍，又看到江边无数虔诚跪拜的人们，不禁为他们的无知感叹起来，他明白这江水的奇观并不是这样形成的。

葛洪本就是一个喜欢钻研事物的人，他博览群书，善于思考，掌握了许多别人不知道的知识。他深知风雨、潮汐、干旱等自然现象并不像人们传说的那样神奇。他曾读过王充的《论衡》，书中对钱塘江的涨潮现象做了详尽的解释。王充认为潮水的大小涨落与月亮的阴晴圆缺有相应的关系，而钱塘江的潮水异常，还与它的地形地貌有密切的关系。钱塘江与大海相连，宽广的海水进入狭窄的江岸必定是波涛汹涌。葛洪很认同这一说法，他也在当地进行了实地考察，回到杭州

江南风光

以后，他便开始宣传他对于钱塘江涨潮的原因的理解。他还通过模拟表演，自制了一个小道具来演示。当时的人们已经知道葛洪博学多才，他读的书很多，知道的道理自然就很多，人们都选择相信他。于是，这千百年来流传的说法就被逐渐破除了。

葛洪在杭州小住的这段时间，留下了很多奇妙的传说。有一次，葛洪在栖霞山一带游览，看见一个衣衫褴褛的壮汉坐在一口井旁，一边捶胸顿足一边哭泣，哭声很是伤心。葛洪忍不住走过去询问："发生什么事情了，大哥？何故哭得如此伤心？"穷汉闻声抬起头，看见葛洪，慌忙擦干满脸的泪痕站了起来。他是见过葛洪的，知道葛洪是一个知识渊博的人，大家都很尊敬他。"先生，您说我是不是很倒霉！我在城里打了好几个月的零工，积攒了一点儿钱，准备回家给老婆孩子买米下锅，过个好年。可是我……我真是蠢得要命！刚才口渴，寻思到这井边打点儿水喝，谁知道刚弯下腰，钱就从胸口的袋子里滑出来掉到井里去了！"说完，他又伤心地哭了起来。葛洪急忙安慰他，并从口袋里掏出一吊钱递给他，让他回去救救急。穷汉连忙摇头，不肯接受："先生，我怎么能要您的钱呢，这可使不得！""请放心拿去吧，掉在井里的钱

杭州

我自有办法取出来。"葛洪见穷汉一再推辞,便换了个说法哄骗他。"真的?"穷汉兴奋地瞪大了眼睛,将信将疑,但是他知道葛洪很有学问,兴许真的会有什么特殊的本领呢。葛洪连连点头,他明白如果不这样说,这穷汉是万万不可能接受他的救济的。穷汉想了想,接过钱,又向葛洪深深地鞠了一躬,问了葛洪的住址,说:"先生,我全家都会感激您的恩德!有机会一定登门拜谢。"

　　穷汉走了不久,这件事便在杭州城里传开了。传的人多了,故事自然也就改变了原先的模样。传到后来,便成了一个这样的故事:说是穷汉把钱掉到井里以后,葛洪见了就对着井高喊:"钱出来!钱出来!"井里的钱就一文一文地蹦了出来,落到葛洪手里。葛洪便把钱一文不少地给了穷汉。

关于葛洪的众多传说中，还有一个更神奇的故事，说"葛洪买死鱼放生，能将死鱼变活鱼。"这传说又是从何而来的呢？

那是一个雨天，葛洪在西湖边的凉亭口见到一个老渔翁，他穿戴着破旧的蓑衣和斗笠，向来往的路人兜售他的鱼："卖鱼啊！卖鲤鱼啊！"有不少人从他身边经过，却只看了一眼便都摇摇头走开了。老渔翁神情沮丧，连连叹气，到了最后他便不再叫卖，望着自己鱼篓里的鱼发呆。葛洪好奇地走过去，见鱼篓里装着三条鲤鱼，条条都很大，但是已经死掉了，不新鲜了，难怪没有人买呢！这江南是鱼米之乡，附近的江河里鱼虾多得是，鲜活的鱼是再常见不过了。正因如此，这里的人都习惯吃活鱼，死了很久的鱼根本没有人愿意买。葛洪也摇摇头打算离开，可是他又想：老渔翁是本地人，也是知道死鱼卖不出去的，

西湖

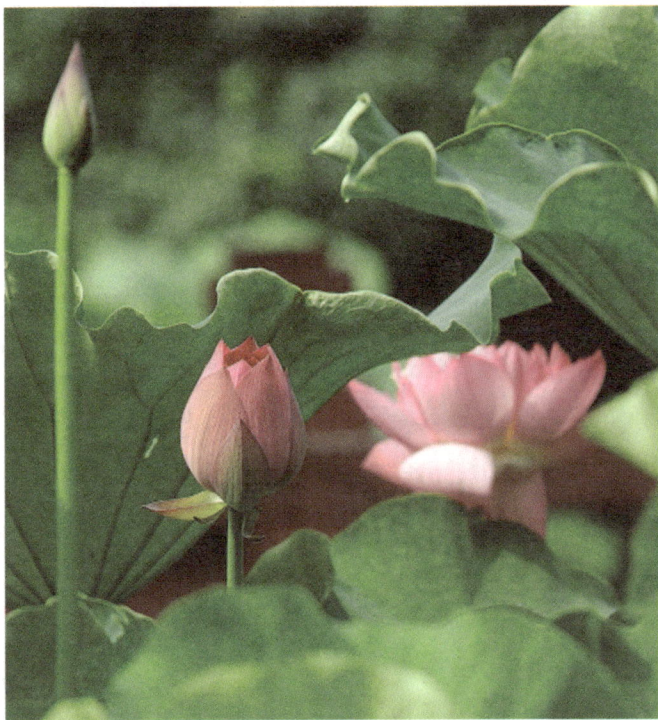
荷花

可他还在这里努力叫卖，定是有什么难处，我不能就这样走了。于是他又折返回去，指着鱼篓里的鱼说："老人家，这鱼我全买了。"老渔翁听后抬起头，眼里充满了期待，但立刻又垂下头，眼神暗淡了下去，说道："我这鱼是早上从家里带出来时死掉的，家里的老婆子生病了，我是想把鱼卖掉后换点儿药钱，但这都是死鱼，您买回家也吃不了啊。"葛洪被老人的诚实打动，知道他有难处，便很同情他，就决心帮他一把，就说鱼买回去不是吃的，是另有他用。老渔翁仔细端详着葛洪，见他一脸认真的神情，便急忙到湖边取了鲜嫩的荷叶将鱼包好递给了葛洪，又接过葛洪付的一串铜钱，千恩万谢地进城买药去了。

葛洪等老渔翁走后，便把鱼倒在一处偏僻的荷塘里。也正是这一举动被认识他的有心人看见了，于是便传出"葛洪买死鱼放生，能将死鱼变活鱼"的话来。

　　类似这样的故事还有很多。当时的人们不懂科学，很多解释不通的事情便传得越来越神。再加上葛洪在杭州的时候经常为当地的百姓诊症治病，当时那一带流行了一场大瘟疫，也是葛洪自制药物施药救人的，所以那里的人们都非常敬重葛洪，很是感谢他，以至于葛洪的事迹越传越神，甚至有人把他当成神仙转世、菩萨显灵。

　　葛洪在杭州住了一段时日，便带着一家老小回到了老家句容。十几年没回来，句容的山水风光依旧是那么美丽迷人，葛洪看得陶醉了。见到了白发苍苍、泪流满面的老母亲，葛洪更是感慨万分。"娘，这次回来我就不走了！"葛洪难过地说。葛洪外出游学这些年虽说收获甚大，但是对于颠沛流离的日子也确实有些厌烦了，再加上一路总是战火不断，自己费尽心力写的书稿也总是会遗失。所以葛洪准备在家乡过一段闭门隐居的生活，集中精力整理书稿，专心写医书。之前说过，葛洪在二十岁时已经写成了《神仙传》和《隐逸传》各十卷，他在茅山炼丹时又写成了介绍炼丹、制药的《抱朴子内篇》二十篇，在游学过程中又写了《抱朴子外篇》五十篇，以及在行医过程中积累的关于各种疾病的症状、治疗方法、针灸穴位等内

容，这些都需要整理成册，他还有《玉函方》没有完成，于是葛洪开始了在家乡的隐居生活。

葛洪这样的好打算并没能够持续多久。当时琅邪王司马睿见八王之乱后，北方混乱不堪，便想在他驻守的南京另起炉灶，重建晋王朝。当时他身边的一个精明的政治家给他出了个主意，让他笼络江南的名门贵族和能人异士等，作为股肱。于是他们便想起了曾经在石冰之战中立了功的葛洪。葛洪虽家境贫寒，但当时在社会上的地位也是不可不提的，就连王公贵族也不得不承认他的一番作为。于是司马睿封葛

隐居家乡

洪为关内侯，又多次想聘他为官。葛洪一开始并不想做官，多次回绝了来聘的使臣。后来，他实在回绝不过，又见司马睿和王导一副决心好好治国的模样，不免存有一线希望，希望能够为这混乱的国家做点儿事情，于是便勉强接受了司马睿的聘请。

　　此后葛洪在家乡为官十几年，但是这十几年也让葛洪彻底看清了当时统治王朝的腐败不堪。他厌烦了官场上的种种钩心斗角，明争暗斗，始终怀念炼丹时清心寡欲的简单生活。之后新帝司马衍继位，准备新修国史。身为国家史官的干宝力荐葛洪，称赞葛洪有做史官的特殊才能，由葛洪来主编国史再合适不过了。晋成帝同意了，但是葛洪却拒绝了。葛洪对于东晋王朝彻底失望，决定回去继续炼丹、行医、制药做研究。而且这时，葛洪的母亲去世了，他在家乡再也没有什么牵挂。他又听说交趾一带产丹砂，于是就向皇上请愿，到交趾去炼丹修道，说："皇上，请允我到勾漏当县令吧！"皇上听了便说："京城不好吗？做大官不好吗？一个小地方的区区县令，太委屈你了。"皇上不同意。"皇上，京城虽好但是没有丹砂呀，勾漏虽然偏远，但那里盛产丹砂，臣是为了炼丹才要到那里去的。"皇上听后仍是不允。葛洪灵机一动说："皇上，我去炼丹并不是为了我一个人能够长寿，而是为了大家都能够得到长生丹药，长生而不老哇！"皇上知道葛洪写成了《抱朴子·内篇》这样的著作，在炼丹方面很有才能，又听他这么一说，便想：他要是真的能够炼成长生丹药，献给自己，那岂不是美哉，于是就答应了他的请求。

葛洪高兴极了，他说动了皇上，又去辞别干宝。干宝是葛洪为官时期最好的朋友之一，他为人正直，学问又高，编写的史书简明扼要，实事求是，被世人称赞。干宝很喜欢搜集一些稀奇古怪的民间故事传说，并写成一部小说集《搜神记》。葛洪与干宝志同道合，甚是亲密。葛洪远去勾漏，干宝很是伤心，握着他的手不舍地说："你这一去我们今后相见的机会怕是就少之又少了！但是大丈夫志在四方，我祝你成功！"说着眼圈都红了。葛洪也不免动情："你我二人心意相通，虽远隔千里，但定后会有期的！"葛洪辞别了干宝，便带着妻儿南下了。

葛洪一行人跋山涉水，尝尽了旅途艰辛，到达广州后准备休息两天就前往勾漏。谁知广州刺史邓岳听闻葛洪到了，就亲自去拜访，并千方百计想要留住他。其实邓岳之前并不认识葛洪，只是听说了葛洪的学问和为人就想与他结交，留住他以便常去请教一二。"葛洪兄，勾漏那地方太过于偏远，瘴气很多，您去那里语言又不通，你一家人到

炼丹葫芦雕塑

了那里恐难以习惯，还不如就留在广州。"邓岳劝说道。"事在人为嘛。我听说那里出产上等的丹砂，这对我炼丹是大有益处的，其他的困难慢慢就克服了。"葛洪回绝。"您的志向之远大当今无人能比，但是您想想，万事都要量力而行，您已不再是青壮年了。再说，您也得考虑这些晚辈的前途不是，您的儿子、侄儿对您的炼丹大业未必就感兴趣。而且广东不少的山中也是有丹砂的，您要炼丹何不就近选址，何必去勾漏那么远呢！"邓岳发自肺腑地劝说葛洪。葛洪看了看自己花白的胡子，又看了看身边的儿子和侄儿，他们虽然很尊敬自己，但是对于炼丹确实没有那么强烈的兴趣，葛洪被说得心动了。他想了想，决定去罗浮山中炼丹。他曾在那里考察过，觉得那里是个炼丹的好去处。见葛洪答应了，邓岳高兴极了，连连点头说好！他又上表，请朝廷让葛洪补东宫太守的空缺，但是这一次葛洪非常坚决地拒绝了，没有商量的余地。邓岳没有办法，只好留下葛洪的侄子葛望在军中做记室参军。从此，葛洪便在罗浮山中定居，并在那里终老。

罗浮山是广东的名山，方圆五百多里，位于南海之滨。那里美丽富饶，风景瑰丽。山中有很多珍奇花草和各色水果，还有形形色色的飞禽走兽穿梭其中，山中大小溶洞不计其数，是天然的丹房石室，湖泊更是与海潮一起涨落，山间的空气格外清新可人。这里远离城市的喧嚣，可以免去很多人情往来，正是葛洪专心炼丹著书的好地方。

一天早晨，葛洪去罗浮山顶的飞云峰上看日出，忽然从旁边草丛中钻出一个小男孩。男孩见了葛洪心中一惊，拔腿就跑。葛洪也很惊奇，便想喊住他问个究竟。男孩跑得很快，但一不小心脚下踩空便摔倒了。葛洪追上去将他扶起来，仔细一打量，大吃一惊。只见小男孩十二三岁的模样，全身上下长满了黄色的绒毛，瘦得皮包骨头，皮肤粗糙黝黑，膝盖也被磕破了，但是他眼神灵动，一看就是个聪敏机智的孩子。"你是哪家的孩子？叫什么名字？"葛洪一边询问，一边掏出随身携带的药末给孩子的腿上药。小男孩眼睛滴溜溜地转，端详着眼前这一位神采奕奕的和蔼老人，半晌才回答道："我没有家，也没有名字！"葛洪又通过

山峦叠翠

与小男孩攀谈才了解到：孩子本姓王，家里很穷，在八九岁的时候父母双双生病去世，家里没有别人了，更没有亲戚愿意收养他。他自己讨饭生活，经常被地主家的小孩打骂，或是被狗咬。他忍受不了了，就来到山里吃野果、睡岩洞，日积月累身上便慢慢地长出了一层黄毛，偶然看见他的人就叫他黄野人。葛洪听了小男孩的诉说，便想起了自己小时候砍柴为生的艰苦生活，心中十分同情这孩子。于是他决定收留这个可怜的孩子。他问黄野人："既然这样，你愿意做我的徒弟，跟我一起吃、一起住，我教你读书写字，教你炼丹制药，这样可好？"他深知，只有黄野人这样出身穷苦人家的孩子才能承受得了炼丹的苦，

耐得住这份寂寞。富贵人家的子弟是断然做不到的。黄野人听了葛洪的话，立即跪倒在葛洪跟前磕了三个响头，高兴地喊着："师父！"从此，葛洪不论走到哪儿，干什么事情，身边都会有一个得力助手跟着他，这便是黄野人。

　　葛洪就这样在罗浮山中炼丹、著书，这山里一年四季如春，时间便这样悄悄地溜走了。葛洪成年累月地忙碌着，一晃就是几十年。这期间很多高官名士慕名来结交他，但他却一概避而不见。每年只有在新春和重阳，邓岳来拜访他的时候，他才暂时放下他的丹炉、笔墨，与好友把酒言欢，游山玩水，不亦乐乎。但是即使是邓岳这样的好友，

罗浮山景区大门

葛洪也从来没有主动邀请过。可是有一天，邓岳突然收到葛洪写来的一封信，称他要离开罗浮山远游，去寻找他的师父。邓岳看了信，觉得事情不对，于是急忙动身想去与葛洪告别。到了山中，却不见葛洪，只有黄野人倚在门口默默流泪。邓岳觉得蹊跷，上前询问才得知，就在葛洪的书信发出的当天，葛洪便像睡着了一样，坐在蒲团上直到中午，悄悄地离开了人世。邓岳失声大哭，悲痛万分。

邓岳主持了葛洪的葬礼，在与葛洪的徒弟和家属整理他的遗物时，发现他的桌上又添了许多书稿：《金匮药方》一百卷，这大概是葛洪当年游学时就想写的《玉函方》；《良吏传》十卷，专门写为官清廉的好官的故事；《集异传》，写自己遇到的奇闻趣事；还有《要用字苑》《关中记》《西京杂记》等。根据他的遗嘱，这些书稿都交由他的侄子来保存和流传。

葛洪虽去世了，但是他传奇的一生却为后人留下了许多宝贵的财富，对医学作出了巨大的贡献。他的《肘后备急方》为后世的百姓广为流传，不知救治了多少人的性命；他对于长生以及炼丹的探索，对我国乃至世界的制药化学都有着重要的启示作用；他关于自然科学和社会科学的文章也同样在后世产生了重要的影响，鲁迅先生曾称葛洪的《神仙传》《隐逸传》等是唐宋传奇小说的祖师。葛洪坚韧不拔的性格、对事业的执着追求以及对他人的宽容和帮助，都值得我们传承和学习。

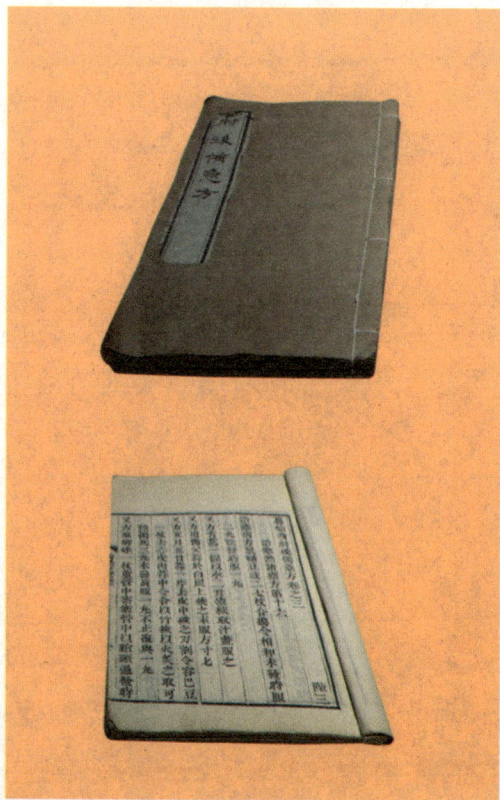

《肘后备急方》

知识加油站

葛洪回到罗浮山隐居，最后完成的医学著作是哪一部？

《金匮药方》一百卷（曾取名为《玉函方》）。